Über die Autorin

Journalistin Isabell Karch, geb. 1976, hat Pädagogik, Psychologie und Soziologie in Kassel und in Köln studiert und interessiert sich seit vielen Jahren für spirituelle und psychologische Themen. Nach einem Volontariat bei der Dortmunder Tageszeitung *Ruhr Nachrichten* war sie dort als Redakteurin tätig, um später bei der Rheinland Presse in Düsseldorf für das Magazin-Ressort zu arbeiten. Heute schreibt sie für unterschiedliche Magazine und lebt mit ihrem Sohn in Lippstadt.

Isabell Karch

Attacke mit Brot

Wie unsere Kinder uns spiegeln und was sie uns lehren

Verlag Zeitenwende

Isabell Karch: Attacke mit Brot
Wie unsere Kinder uns spiegeln und was sie uns lehren

Steigerstraße 64
01705 Freital OT Kleinnaundorf
www.verlag-zeitenwende.de
buecher@verlag-zeitenwende.de

1. Auflage 2017

Umschlaggestaltung: Verlag Zeitenwende / Graphikvorlagen Freepik
Satz: Verlag Zeitenwende
Illustrationen: Stefanie Schütz (shiotose.tumblr.com)

ISBN 978-3-945701-08-9

Die Deutsche Bibliothek – CIP-Einheitsaufnahme
Ein Titelsatz für diese Publikation
ist bei der Deutschen Bibliothek erhältlich.

Inhaltsverzeichnis

Der Beginn einer Reise

Mit 20 buchte ich, mit nur ein paar D-Mark in der Tasche, einen Flug nach New York, um spontan dort eine Freundin zu besuchen. Kein Jahr später zog ich von zu Hause aus, wechselte danach vier Mal den Wohnort, probierte unzählige Nebenjobs und reiste, so oft es mein Studium ermöglichte, durch die Welt. Mich zog es mit einer Freundin, mit Rucksack, ohne Sprachkenntnisse und festes Ziel die Ostküste Brasiliens hinauf, und gleichzeitig verschlang ich über Jahre massenweise spirituelle und psychologische Bücher. Mit knapp 30 begann ich, bei der Zeitung zu arbeiten, und genoss das Eintauchen in die unterschiedlichsten Geschichten der Menschen, auf die ich traf. Eine Reihe von abenteuerlichen Reisen und Begegnungen lag hinter mir, doch das wohl größte Abenteuer sollte mir noch bevorstehen: das Leben als Mutter. Eine unüber-

troffene Reise über hohe Berge und durch tiefe Täler, geprägt von schönstem Sonnenschein und stärkstem Regen, von Kommunikations- und Sprachproblemen und an Selbstfindung kaum zu überbieten. Es sollte damit die für mich wohl persönlichste und turbulenteste Reise meines Lebens sein. Mehr Wundertüte geht nicht … mehr Grenzerfahrung ebenso! Dabei sind es vor allem die alltäglichen, kleinen, eher unscheinbaren Dinge, die zu den größten Zerreißproben des Tages zählen und die dir so viel über dich selbst erzählen. Denn wie sagt man so schön: Der Teufel steckt im Detail. Dieser zeigt sich zwar im Außen, lässt sich aber nur im Innern am Schopfe packen.

So war es erst kürzlich, dass ich mit meinem Sohn, einer Freundin und ihrer Tochter zusammen bei uns Abendbrot aß. „Mama, ich möchte ein Müsli", sagte mein Sohn in ein angeregtes Gespräch mit meiner Freundin hinein. Während diese weitererzählte, legte ich mein Brot zur Seite, schmierte meinem Sohn ebenfalls ein Brot und legte es ihm hin. „Mama, aber ich will doch ein Müsli essen", schallte er empört, während die Tochter meiner Freundin ihren Käse zu Boden warf und anfing zu weinen. „Hier, iss dein Brot!", entgegnete ich stattdessen, ein Tuch holend, um den Käse vom

Boden aufzuheben. „Ich will aber ein Müsli und nicht das Brot“, muffte mein Sohn weiter und schob es zur Seite. „Du isst jetzt dein Brot!“, winkte ich ab, mit einem Ohr schon wieder bei meiner Freundin und ihrer Geschichte. „Nein!“, äffte mein Sohn. Achselzuckend schob ich mir mein Brot in den Mund und wandte mich wieder meiner Bekannten zu. „Ja, und dann hat er…“, fuhr diese fort, als ich wieder die Stimme meines Sohnes vernahm. „Ich will das Brot

nicht!“, schrie er, derweil die Tochter versuchte, kleine Müslistücke in ihrem Wasserglas zu versenken. „Es wird aber nicht alles angefangen, sondern auch zu Ende gegessen!“, hörte ich mich auf einmal ebenfalls schreien, als mein Sohn im selben Augenblick sein Brot auf seine Gabel aufspießte und schrie: „Attacke mit Brot!“ Plumps! Das Wasserglas mitsamt Müslikrümeln kippte sich auf dem Tisch aus und überschwemmte mein Brot. „Piratenschiff versenkt“, grinste mein Sohn daraufhin nur. Täglicher Wahnsinn – mit ganz viel Entwicklungspotenzial.

Doch was für ein Entwicklungspotenzial steckt in solch einem Moment, magst du dich fragen? Mit Kind erlebst du am Tag unzählige solcher Momente, und dadurch gelangst du an deine Stressgrenze. Hier lebst du eine ganz intensive Beziehung, aus der du keine Möglichkeit hast, auszusteigen oder für mehrere Tage oder Stunden einfach zu verschwinden. Dein Kind braucht und fordert dich. Und genau diese Überforderung, die wir in vielen Fällen spüren, und dieses tägliche Chaos bringen uns zu unserem wahren Wesenskern. Wir Eltern sind immer auf Sendung. Und so wie es in allen Beziehungen ist, die wir leben, so kommen auch speziell in der Beziehung zu deinem Kind deine Schatten, deine nicht gelebten Anteile, deine Unzulänglichkeiten, deine Glaubenssätze, dein Innerstes zutage. Dein Kind drückt jeden Tag deine „wunden Knöpfe", spiegelt dich und bietet dir dadurch die Chance zur Heilung. In vielerlei Situationskomik weißt es dich darauf hin, was echt ist und was nicht. Es zeigt dir jeden Tag, wie es in dir aussieht. Natürlich setzt all dies voraus, dass du auch hinschauen magst.

So wies mich mein Sohn zum einen immer wieder darauf hin, dass ich ihm etwas überstülpen und ich gerne die Kontrolle in meinem Leben behalten wollte, und zum anderen offenbarte er mir, wie leid ich es war, dass meine Grenzen überschritten wurden. Auch hier lag ein Teil von mir, der geheilt werden wollte. Ebenso ging es darum zu schauen, wer ist mein Kind! Es ging darum, genau hinzuhören und hinzufühlen. Denn wie oft verpassen wir den wahren Moment und das Authentische in diesem? In vielen alltäglichen Situationen liegt ganz viel Heilung und Transformation. Damit hatte ich nicht gerechnet. Ich dachte, mich erwartet eine reine Erziehung, aber niemals eine Beziehung, die einem so nah geht. Aus der Nummer, so dünkte mir schon früh, kam ich nicht mehr heraus!

In meinem Leben gibt es viele Meilensteine, Ereignisse und Menschen, die mich maßgeblich beeinflusst und verändert haben. Doch zu einem der wohl größten

Meilensteine überhaupt gehört für mich, Mutter geworden zu sein. Genau in dem Moment, in dem mein Kind das Licht der Welt erblickte, veränderte sich mein Leben um 180 Grad. Während ich in der Schwangerschaft noch verklärt vom Kinderwagenschieben und danach läuft alles wie bisher weiterträumte, katapultierte mich der Tag der Entbindung in eine ganz andere Dimension. Anstatt entspannter Feierabende schrie sich mein Sohn abends mit über 100 Dezibel in den Schlaf, anstatt gemütlicher Shoppingtouren hastete ich durch die Stadt, um dann doch wieder unverrichteter Dinge nach Hause zu eilen, weil die Windel voll war oder mein Sohn seine Flasche brauchte. Und anstatt entspannter Lounge-Abende bei einem Cocktail mit vielen Umdrehungen verzichtete ich lieber auf Alkohol, weil ich den nächsten Tag ansonsten nicht überstanden hätte. Sowieso schlief ich bereits gegen 20 Uhr auf der Couch ein, und von spontanen Treffen mit meinen früheren Ausgehfreunden, die noch keine Kinder hatten, konnte ich gleich absehen, denn ab sofort lebte ich in eng gesteckten Zeitfenstern, die von meinem Kind bestimmt waren. Nichts war mehr richtig planbar. Und alles, was ich vorhatte, fiel zu einer hohen Wahrscheinlichkeit ins Wasser, verlief gänzlich anders als vorgestellt, oder ich sah im Vorhinein davon ab, weil ich wusste, dass es sowieso nicht funktionieren würde. Mein Terminkalender und Leben wurden von nun an von meinem Sohn bestimmt; es regierte „Prinz Pippi“. Als Mutter, und vor allem auch als alleinerziehende Mama, war ich rund um die Uhr gefragt. Ich machte die Erfahrung, was es hieß, Schlafmangel inklusive seiner Folgen zu erleben, ich übte mich im Multitasking, wenngleich erfolglos. Mein Erinnerungsvermögen glich nur noch einer schwammigen Wolke, in der kein klarer Gedanke mehr Bestand hatte, und meine Wohnung mutierte jeden Tag aufs Neue zu einem Chaos. Schnuller, Steine, Spielzeug & Co. schlichen sich in meine Jackentaschen und mein Auto ein, meine Waschmaschine wurde zu meinem wichtigsten Haushaltsgerät, und mein Fernsehprogramm reduzierte sich auf KIKA. Ich gewöhnte mich daran, dass mich wildfremde Menschen ansprachen, um einen Kommentar zu mir und meinem Kind abzugeben, und mein meist benutztes Wort war ab sofort „Nein“. Ebenso handelte es sich hierbei von nun an auch um das von mir meistgehörte Wort, denn sobald mein Kind endlich sprechen konnte, schmetterte es mir mein laufender Meter an der Hand aufgrund von Kleinigkeiten entgegen, und das in einer Ausdauer, die nur Spitzensportler an den Tag legen. Ich erlebte spontane Stimmungsschwankungen und das Ausleben purer Emotionen, die ich wahrscheinlich schon über viele Jahre und Jahrzehnte bei mir zu kontrollieren wusste.

Klingt alles schrecklich? Das war es auch. Und trotzdem, das war ja das Verblüffende, liebte ich es und hätte es gegen nichts in der Welt mehr eintauschen wollen. Irgendwie merkte ich, dass all diese Momente in sich einen großen Schatz bargen. Denn trotz dieser vermeintlichen negativen Begleiterscheinungen lag genau in diesem Neubeginn ein ganz besonderer Zauber. Hinter dem neuen Chaos, der Verzweiflung, den Selbstzweifeln, der Angst darüber, auf einmal Mutter zu sein, lag die Magie einer tiefen Liebe und des puren Glücks. Muttersein bescherte mir die Einladung, wieder zu mir selbst zu finden. Denn während alle Energie und Aufmerksamkeit auf meinen Sohn gerichtet waren, eröffnete sich gleichsam die Möglichkeit einer Rückbesinnung auf mich und meine Mitte. Ich konnte nicht anders, als neue Grenzen in meinem Leben abzustecken. Ich musste neue Prioritäten setzen und so ein Stück weit wieder bei mir selbst ankommen. Mein Kind und die neue Rolle als Mutter konfrontierten mich mit dem, wer ich in Wahrheit war – mit meinen Ängsten, Grenzen, alten Wunden, aber auch mit meinen Stärken und wundervollen Potenzialen. Ich lernte mich in meiner wahren Person kennen. Was gibt es Besseres?

In dem Moment, als ich meinen Sohn bekam, setzte sich der Generationenvertrag fort und ich war nicht mehr nur Kind, sondern auch Mutter und erlebte alte und längst abgelegt gedachte Rollenmuster bezüglich meiner Eltern erneut. Ich fragte mich: Wie will ich sein als Mutter? Was möchte ich meinem Kind mitgeben, was ihm ermöglichen? Wie soll mein Kind einmal sein, welche Werte möchte ich ihm vermitteln und wie haben meine Eltern mich überhaupt „erzogen"? Alte Konflikte aus Kindheitstagen kamen hoch und spiegelten sich im Umgang nicht mehr nur mit meinen Eltern, sondern jetzt auch mit meinem Sohn. Einige waren sehr offensichtlich, andere wiederum fanden viel subtiler statt und ließen mich nur über die starken Emotionen wundern, die in mir in bestimmten Situationen ganz unerwartet hochkamen. Manchmal hätte ich wegen Kleinigkeiten wie ein Vulkan explodieren können. Genau in diesen Momenten hatte mein Sohn meine ganz individuellen Knöpfe gedrückt, mir meine alten Wunden und Verletzungen offenbart, mir die Dinge aufgezeigt, die ich als Kind oder junge Erwachsene selbst erlebt hatte und die heute noch in mir arbeiteten und mein Leben bestimmten. Er spiegelte mir verborgene Konflikte, die noch nicht geheilt waren. Und als ich dann endlich hinschaute und diese (durch)fühlte, konnten sie endlich aufgelöst und geheilt werden. Mein Sohn war ein Geschenk, ein Geschenk der Liebe und der Heilung, um bei mir anzukommen und mein Selbst zu leben. Er reichte mir die Hand, endlich wieder im Moment zu leben und Liebe zu erfahren. Er lud mich ein, zu lachen, zu wachsen und mich zu entwickeln.

Auch dein Kind wird dir jeden Tag unverblümt und direkt deinen aktuellen Seelenzustand aufzeigen. Es möchte dir so viele Dinge lehren und dich in deinem Leben erden. So heißt Schwangerschaft im Portugiesischen „A Gravidez", abgeleitet von Gravitation. Und genau das ist es: die Anziehungskraft der Erde. Man wird als Vater und Mutter geerdet. Wenn du dazu bereit bist, lernst du, dass nichts Materielles wirklich Bedeutung hat, dass nichts, was im Außen ist, wirklich wichtig ist, sondern nur die Innenwelt, deine Gedanken und Gefühle bedeutungsvoll sind. Denn das Einzige, was zählt, ist die Liebe, die Liebe zu deinem Kind, zu deinen Mitmenschen, zur Welt und zu dir selbst. Denn nur wer sich selbst liebt und auf sich achtet, der kann auch seinem Umfeld authentische und echte Liebe schenken.

Dein Kind lädt dich ein, vielleicht endlich die Rolle loszulassen, die du schon so lange spielst und die du schon so lange satt hast. Es lädt dich ein, den Kontakt mit dir wieder zu erlangen und nicht mehr zu kompensieren oder dich abzulenken. Es lädt dich jede Sekunde ein, Präsenz im Augenblick zu üben, denn für die ganz Kleinen gibt es kein Gestern und kein Morgen. Kinder leben ausschließlich im Hier und Jetzt und wollen mit dir genau diesen Moment (er)leben. Wie schwierig das für uns Erwachsene in unserer auf die Zukunft ausgerichteten Welt doch ist! Wie viel haben wir Großen schon alles immer im Kopf. Wir organisieren, haben feste Zeitpläne und wollen und müssen den Tag über so viel erledigen. Kinder aber nicht! Sie sind das beste Praxisbeispiel dafür, ganz im Augenblick, im Hier und Jetzt zu bleiben, denn sie wollen den Moment erfahren. Und genau dieser ist es, der zählt und der uns unserem persönlichen Glück näherbringt. So sagte schon Laotse: *„Wenn du depressiv bist, lebst du in der Vergangenheit. Wenn du Angst hast, lebst du in der Zukunft. Wenn du inneren Frieden erlebst, dann lebst du in der Gegenwart.“*

Für mich als „Neu-Mutter“ waren das alles keine leichten Lektionen. Ich lebte fast gar nicht im Heute, sondern immer nur in der Zukunft, oder zermürbte mir den Kopf wegen längst Vergangenem und nicht mehr Veränderbarem. Ich war innerlich die ganze Zeit gehetzt, war ständig mit etwas beschäftigt, kompensierte meine Gefühlsdefizite und negativen Emotionen, die ich nicht spüren wollte, durch ausgiebiges Shoppen und ständiges Ablenken. Im Grunde tat ich wenig oder fast gar nichts für mich und meine wirklichen, meine echten Bedürfnisse und steckte täglich all meine Energie nach außen, um den Anschein des Glücklich-Seins zu vermitteln. So viel Energieverlust! Das Schlimme war, dass mir noch nicht einmal mehr wirklich bewusst war, was ich überhaupt wollte, was mir guttat, und ich sah überhaupt nicht, inwieweit ich mich die ganze Zeit selbst aufgab, mich überhaupt nicht wahrhaft liebte und mich und meine Person hintanstellte. Nach außen lächelte ich meine schlechten Gefühle weg oder suchte mir eine weitere Vergnügung, Ablenkung, konzentrierte mich auf die Arbeit, darauf, was man noch erreichen könnte, aber am wenigsten kümmerte ich mich wirklich um das Wichtigste: um mich selbst. Und wenn ich mich so umschaute, stellte ich fest, dass es bei den anderen ja im Grunde auch nicht anders aussah.

Ich hatte mich im Laufe meines Lebens Schritt für Schritt, Jahr für Jahr verloren und wusste gar nicht mehr, wer ich wirklich war und wofür ich stand. Dann wurde ich schwanger – und das katapultierte mich nicht von 0 auf 100, sondern genau andersherum. Für mich ging es von 100 auf 0. Kaum war mein Sohn auf der Welt, konnte ich nicht mehr meinen ständigen Handlungsimpulsen folgen. Alles reduzierte sich für mich in so einer Vehemenz, dass ich dachte, ich drehe durch. Mein Sohn nahm mich und mein Leben so dermaßen ein, dass wenig Raum für mich übrig blieb, was im Grunde ja vorher schon der Fall gewesen war, aber nun blieb mir noch nicht einmal mehr die Möglichkeit, dieses zu kompensieren. Ich fühlte mich eingeengter als jemals zuvor. Erst viel später sollte ich merken, dass darin für mich mein persönliches Glück lag. Ich lernte und spürte erst viel später, wie dieses neue Leben für mich eine Wohltat war, wie wunderbar das Hier und Jetzt, das Sich-Zurücknehmen, das nicht so wichtig Nehmen vieler Dinge und auch das Sich-Einlassen auf etwas waren. Ich lernte und sah zum ersten Mal, dass ich in meinem Leben immer weggerannt und unverbindlich geblieben war und dass ich wenig Nähe zulassen konnte. Ich hatte meinen Lehrer gefunden – und das war mein Sohn.

Ich kann mich noch gut daran erinnern, dass viele Bekannte, die bereits Kinder hatten, während meiner Schwangerschaft zu mir gesagt hatten: „Warte ab, dein Leben wird sich komplett ändern und zwar zum Positiven hin.“ Verstanden habe ich sie da noch nicht. Und selbst direkt nach der Geburt konnte ich der Mutterrolle nichts Positives abgewinnen. Mein Leben war auf einmal so anders, so unkontrollierbar, so ins Hier und Jetzt und in den Moment gezwängt. Kein Kaffee mehr in Ruhe, keine spontanen Shopping-Gänge, kein ruhiger Plausch mit einer Freundin über Stunden. So viele Dinge, die für mich bis dahin selbstverständlich gewesen waren, waren auf einmal nicht mehr möglich. „Prinz Pippi“ regierte mit Zepter und Windel. Heute weiß ich, was Bekannte und Familie meinten, als sie sagten, ein Kind zu haben, verändert dein Leben zum Positiven hin. Denn kein Ereignis in meinem Leben, kein Mensch hat mein Leben bis dato so nachhaltig beeinflusst wie mein Sohn. Er machte mich runder, jeden Tag ein kleines Stückchen mehr. Er zwängte mich durch alle Emotionen und ging mit mir auf Achterbahnfahrt. Wochen oder gar Monate vor der Empfängnis hatte ich abends nach einem anstrengenden Tag in meinem Bett gelegen und geweint. *„Schick mir einen Engel“* von der Gruppe *Overground*, das Lied ging mir durch den Kopf. Bitte: *„Schick mir ’nen Engel. Ich kann nicht mehr. Schick mir ’nen Engel. Es ist viel zu schwer. Komm und gib mir Kraft durchzustehn, bin verloren kann nicht sehn!“* Denn zu dem Zeitpunkt konnte ich innerlich nicht mehr, nur noch äußerlich. Ich hatte das Gefühl, nur noch zu funktionieren, kein eigenes Leben zu leben. Ich war unglücklich und fühlte mich allein.

Meine Geschichte sollte so verlaufen, dass mir tatsächlich ein Engel geschickt werden sollte. Ich hatte ihn bereits in meiner Vorstellung gesehen, aber ihn nicht als meinen Sohn erkannt. Eine Freundin von mir hatte mich einige Zeit vorher gefragt: „Sag mal, werde ich noch ein Kind bekommen, siehst du was?" Sie hatte bereits Zwillinge, wollte nun aber noch ein weiteres Kind. Und da erschien mir im Geiste ein kleiner Lockenkopf, ein Junge, der einfach nur lachte. „Ich sehe einen Jungen, der ist in der Pipeline", schoss es aus mir heraus. Es sollte sich dabei um meinen Sohn handeln, denn genauso und nicht anders sah er aus.

Kinder zu haben und zu bekommen, ist etwas Besonderes. Ich kann dabei nicht für jeden sprechen, auf jeden Fall aber für mich, und ich weiß, dass der Moment, in dem ich meinen Sohn empfangen habe, ein magischer war. In mir war es noch nie so still. Tiefer Frieden erfüllte mich und eine innere Ruhe, wie ich sie bis dato noch nie gespürt habe. Ich war glückselig, voller Liebe und fragte mich, was da über mich gekommen war? Zurück blieben ein Lächeln und rund zwei Wochen später die Gewissheit, dass ich schwanger war.

Aber ein Leben mit Kind sollte nicht nur Magie bedeuten, sondern auch ganz viel harte Arbeit an mir und meinen persönlichen Grenzen. Damit meine ich die viele neue alltägliche Arbeit, die anfällt, und die gemeinsamen Entwicklungsphasen, die man durchläuft. Sonnen- und Schattenseiten liegen eng beieinander und wechseln sich wie auf einer Achterbahnfahrt auch mal gerne täglich, wenn nicht gar stündlich ab. Es geht immer wieder rauf und runter. Manchmal könnte man nur schreien und im nächsten Moment vor Liebe und Freude springen.

Kinder sind so unterschiedlich wie auch ihre Eltern. Aber sie zeigen dir auf jeden Fall immer, wo du stehst, auch innerhalb deiner Familie und deinem Leben. Das, was ich gelernt habe, wird jemand anderes nicht genauso lernen und erfahren; Leben und Entwicklungen sind individuell und lassen sich niemals auf ein anderes Leben münzen. Dieses Buch soll lediglich ein Gespür für die vielen Momente vermitteln, die du mit deinem Kind erleben wirst und aus denen du etwas für dich entnehmen kannst. Es geht immer wieder darum, zu schauen, was dein Kind dir spiegelt und dich lehrt. Denn immer, wenn ich gehetzt war und nicht ruhig sitzen konnte, so konnte mein Sohn dies auch nicht. Immer, wenn ich etwas in meinem Leben nicht wollte, hörte ich meinen Sohn sagen: „Ich will das nicht!" Immer, wenn ich zu hohe Ansprüche an mich und auch an meinen Sohn stellte, kriegte ich dieses von ihm zurück. Befand ich mich indes im Fluss des Lebens und war ich authentisch und bei mir, war auch die Beziehung zu meinem Sohn im Fluss und von glücklichen Momenten geprägt. Dann war auch er entspannt und ruhte in seiner Mitte. Und genau das sind die Momente voller Glück.

Somit gilt es zum einen, dein Kind so anzunehmen, wie es ist, es in seiner Ganzheit zu sehen und gleichzeitig zu schauen, woran auch du an dir arbeiten kannst, damit das Zusammenleben zu einer echten *Be*ziehung und nicht nur zu einer *Er*ziehung wird. Denn nicht nur du bist es als Vater oder Mutter, die deinem Kind etwas beibringen kann und sollte, sondern auch dein Kind hält viele lehrreiche Geschenke für dich bereit. Es möchte dich immer wieder an die Hand nehmen und dir zeigen, wie schön der Moment, das Loslassen, das Lachen und die Liebe sind. Gepflastert ist dieser gemeinsame Weg von vielen humorvollen Situationen und Momenten. Selten zuvor habe ich so aus tiefster Seele gelacht, über mich und mein Verhalten so oft geschmunzelt. Am besten nimmt man sich selbst und was da auf einmal alles passiert nicht so ernst, sondern mit einer gehörigen Prise Humor. So liegt meist in den stressigsten und verrücktesten Momenten, in denen, die einen an die Decke bringen könnten, ganz viel Lachpotenzial, auch wenn einem manchmal gar nicht zum Lachen zumute ist. Denn begibt man sich gedanklich aus der Situation heraus und betrachtet sie einmal von außen, so gibt es immer etwas zum Schmunzeln. Viele Geschehnisse haben etwas von Loriot, wenn man dem Kind wieder einmal versucht, etwas aufzuzwingen oder durchzusetzen, oder wenn eigentlich alles nur noch aus dem Ruder läuft. Rufe dir das immer wieder ins Gedächtnis! Also: Attacke mit Brot! Freue dich über den Tag X, den Tag der Geburt, denn es ist der Beginn deines neuen Lebens.

Und auf einmal bist du Mama

Das Weltall, unendliche Weiten und mittendrin auf einmal ein Planet. So rund wie der Vollmond und so anmutig wie die Venus schiebt er sich durch den dunklen Kosmos immer näher auf uns zu. „Was für ein wunderschöner Dottersack“, ertönt auf einmal eine Stimme aus dem Nirwana. „Sehen Sie“, sagt meine Frauenärztin, drückt ihren Finger auf die Scheibe und zeigt auf das kleine Runde im Planeten. „Sie sind eindeutig schwanger, herzlichen Glückwunsch! Von links befruchtet“, sagt sie und klopft mir anerkennend auf den Oberschenkel. Ich versuche, zurück aus den Weiten des Weltalls zu kommen. Schwanger? Von links befruchtet? Stand das in meiner Lebensplanung? Keine fünf Minuten später sitze ich im Besprechungszimmer und bekomme einen Stapel Informationsbroschüren in die Hand gedrückt. Meine Ärztin erklärt mir, dass ich mit

36 eine Risikogebärende sei, und aus diesem Grunde legt sie mir eine Reihe an Untersuchungen nahe: „Sie können Nackentransparenzmessung, Fruchtwasseruntersuchung und einen großen Ultraschall machen. Außerdem sollten Sie sich auf Toxoplasmose testen lassen. Ach ja, und achten Sie auf Ihre Ernährung", ermahnt sie mich noch zum Abschied. „Und denken Sie daran, Sie sind nicht krank, Sie sind nur schwanger." „Nicht krank... nur Schwanger? Mutter?", geht es mir noch durch den Kopf, bevor ich diese Gedanken mitsamt Broschüren in die Mülltonne wandern lasse.

Neun Monate und 36 weitere Stunden später liegt er im Kreissaal in meinen Armen: mein Sohn. Und während ich noch auf das mir so viel verhießene Geburtsvergessen vergeblich warte, hat er schon begonnen: mein komplett neuer Lebensabschnitt als Mutter; einen, den ich mir so niemals vorgestellt hätte. Mit 36 Jahren bei der Geburt gehöre ich zu den späten Erstgebärenden und liege damit eigentlich auch schon wieder im Trend. Denn das Alter, in dem Frauen Kinder bekommen, verschiebt sich seit Jahren kontinuierlich nach oben. Einfacher wird es dadurch nicht. Vielleicht ist die Veränderung sogar eine noch viel größere, denn anstatt ins Fitness-Center geht es auf einmal in die Krabbelgruppe, anstatt zur After-Work-Party geht es noch vor dem Abendspielfilm ins Bett und anstatt zum nächsten Meeting hastet frau zum nächsten Spielplatz, um sich auszutauschen.

Auf einmal bist du Mama und erlebst viele Höhen und Tiefen, die du vorher nicht kanntest, hast viele Fragen und Erwartungen und fühlst einfach nur ganz viel Liebe für einen kleinen Menschen, der vom Tag der Geburt an auf einmal dein ganzes Leben bestimmt. Dein Leben ist von nun an gekennzeichnet von unzähligen Momenten, die nicht nur dein Kind, sondern auch dich selbst jeden Tag wachsen lassen. Viele davon tragen die Chance in sich, dass du echt und authentisch wirst, denn dein Kind wird immer genau die Knöpfe drücken, die du nicht lebst, die Seiten aufzeigen, mit denen du dich doch eigentlich gar nicht mehr beschäftigen wolltest. Dein Kind spiegelt dir, wo du und die gesamte Familie stehen und was möglich ist. Doch was heißt das überhaupt: authentisch sein? Es bedeutet, sein wahres Ich zu leben, echt und ehrlich nicht nur zu anderen, sondern auch zu dir selbst zu sein, endlich wieder echte Momente im Jetzt zu leben – und diese setzen voraus, dass du selbst authentisch lebst. Das alles setzt voraus, dass du dir eingestehst, was du fühlst und wahrhaftig denkst, und dass du diese Gefühle auch zulässt.

Es geht darum, Stellung zu sich und dem eigenen Leben zu beziehen. Wer bist du, was willst du und was macht dich aus? Eine schwierige Mission! Denn auch, wenn man meint, man sei doch man selbst, verfällt man immer wieder in Rollen, die man spielt. Wie echt ist man wirklich? Wo zeigt man sich selbst, sein wahres Gesicht, ganz nackt und offen, und wo noch nicht? Wie oft hält man seine ehrliche Meinung und den wahren Gedanken zurück, um nicht anzuecken? Echt sein bedeutet auch, manchmal nicht angenehm für andere zu sein. Doch wenn man klar, deutlich und nicht verletzend seinen Standpunkt vertritt und danach lebt, werden das auch andere über kurz oder lang respektieren. Nicht nur dein Leben wird sich dann für dich gut anfühlen, sondern auch andere werden deinen Umgang mögen – genau wie dein Kind. Es mag deine Authentizität, es spürt und weiß genau, wann du echt bist. Es mag dein vielleicht nur für dich so erscheinendes Nicht-Perfekt-Sein. Es mag, wenn du traurig bist, dass du überhaupt deine Traurigkeit zeigst. Nur so bist du für dein Kind stimmig. Dein Kind mag es auch, wenn du dich aus ganzem Herzen freust, für deine echten Bedürfnisse einstehst und sagst, was du denkst. Für dein Kind sind authentische Eltern die, die auch Fehler machen und diese zugeben können, und eben nicht jene, die immer nur starre Regeln verfolgen und alles perfekt machen wollen. Sie wollen echte Eltern, die ein wahres Leben aus dem Herzen führen. Genauso lernen auch sie eines Tages, für sich und ihre wahren Belange einzustehen und ihrem ganz eigenen Lebensplan zu folgen.

Du kannst dir sicher sein, deinem Kind kannst du nichts vorspielen, aber auch rein gar nichts. Denn es ist von Geburt an mit besonderen Antennen ausgestattet, die noch so jede kleine Stimmung von dir aufnehmen und diese bestens einzuordnen wissen. Unsere Kinder wissen, „was geht", und schauen dir direkt ins Herz. Wenn sie merken, dass du mit dir im Reinen bist, deinen Weg gehst, wenn sie sich von dir und deinen echten Gefühlen getragen fühlen, dann geht es auch ihnen in der Regel gut. Hast du aber noch versteckte Probleme, sind es eben auch sie, die diese durch Krankheit oder ein auffälliges Verhalten an den Tag befördern. Also schaue dir dein Kind des Öfteren genauer an, wenn du etwas über dich selbst erfahren möchtest. *„Kinder brauchen keine perfekten Eltern, sondern authentische Menschen, die nicht alles wissen, doch stets bereit sind, sich weiterzuentwickeln"*, fordert Jesper Juul. *„Kinder brauchen Eltern, die ihre Verantwortung ernst* *nehmen und dabei wissen, dass diese Kinder nicht ihr Besitz sind, sondern das Geschenk des Lebens*"*, so die Worte des dänischen Familientherapeuten. Und eine Stimme in mir sagt, dass er vollkommen recht hat.

Es geht vor allem darum, als Mutter oder Vater auf seine Intuition und sein Herz zu hören und den vielen Stimmen um sich herum nicht immer allzu viel Gehör zu schenken. Denn nicht dein Verstand oder andere Menschen oder irgendwelche wissenschaftliche Kenntnisse wissen die Antwort, sondern nur du und dein Herz. Doch wie oft lässt man dieses verstummen! Wie oft kommt man in Situationen, in denen man sofort ein Gefühl, einen Eindruck, ein aufkommendes Wort, eine Eingebung und Intuition hat, und doch entscheidet man nach einiger Überlegung anders, folgt man dem Verstand und nicht dem, was da eben noch in einem aufgekommen ist. Und wieder einmal war man nicht man selbst.

Immer, wenn uns bezüglich einer bestimmten Sache ein schlechtes Gefühl beschleicht, wir uns nicht gut fühlen, könnte dies ein Indiz dafür sein, dass etwas nicht echt, dass etwas für uns nicht passend oder gut

* Jesper Juul: „*Die kompetente Familie: Neue Wege in der Erziehung*", Beltz, Weinheim 2016.

ist. Nicht immer das, was einem der Kopf sagt, ist ein guter Wegweiser, sondern das Bauchgefühl und das Herz geben dir sehr oft eine gute Richtung vor. Sie geben dir vor allem deine individuelle Richtung vor! Fühlst du Glück oder bist du glücklich, dann bist du auf deinem Weg, dann ist es authentisch. Vor allem, wenn es sich um ein ruhiges, ein tiefes Gefühl von Glück handelt. Bist du nur kurz euphorisch und ebbt das gute Gefühl schnell wieder ab, handelte es sich wahrscheinlich nur um die Befriedigung deines Verstandes und Egos.

Authentische Momente sind es, die es einem ermöglichen, endlich wieder selbst authentisch zu werden, insofern man sich von seinem wahren Selbst entfernt hat. In unserem Leben übernehmen wir viele Rollen und funktionieren wir manchmal nur noch, wir erfüllen die Erwartungen anderer, stellen uns selbst aus Pflichtbewusstsein zurück. Wir haben von Kindesbeinen an gelernt, was wir tun müssen, damit andere uns mögen, uns gerne haben, uns die Anerkennung und Aufmerksamkeit schenken, die wir vermeintlich brauchen. Doch als Erwachsene benötigen wir diese alten, damals überlebenswichtigen Strategien nicht mehr. Oft bleiben wir selbst und unser wahres Bedürfnis, glücklich zu werden, so nur auf der Strecke. Und dabei kann keiner explizit wirklich etwas dafür. Über Generationen wurden Familienkonzepte und -geschichten, Vorstellungen sowie Erziehungsmethoden weitergegeben. Vielleicht ist es nun an der Zeit, einige längst überholte Lebensmuster zu heilen oder neu zu überdenken? Vielleicht ist es an der Zeit, das loszulassen, was die eigenen Eltern, Großeltern und wiederum deren Eltern an Ängsten, Zwängen und Verhaltensmustern an uns weitergegeben haben?

Nicht alles wird möglich sein, aber vielleicht lassen sich für dich wichtige Teile lösen, und es fällt endlich jede Menge Ballast von deinen Schultern! Dein Kind kann das natürlich nicht alles für dich leisten und erledigen; das soll es auch nicht. Es ist Teil deiner persönlichen Aufgabe, hinzuschauen, neue Wege und in Heilung zu gehen. Dein Kind bietet dir lediglich als Spiegel deiner selbst und deiner aktuellen Umstände die Möglichkeit, dies zu tun. Es wird dir unentwegt zeigen, wo du stehst. Denn entgegen der einhelligen Meinung, dass wir Eltern es ausschließlich sind, die unseren Kindern etwas beibringen, so sind es eben auch unsere Kinder, die uns einladen, in unserer Entwicklung voranzuschreiten und neue Erkenntnisse zu gewinnen und zu gesunden. Erziehung alleine funktioniert in unserer heutigen Zeit nicht mehr.

Zu hohe Ansprüche

Nie hätte ich gedacht, wie mich das Leben als Mutter transformieren und wie schwierig es sein würde, vom Mutter-Modus wieder in den Arbeits-Modus zu wechseln. Bevor mein Sohn auf der Welt war, drehten sich bestimmt 80 Prozent meines Lebens um die Arbeit. Ich stand frühmorgens auf, machte mich für die Arbeit fertig und kam erst spätabends wieder nach Hause. Mein Privatleben beschränkte sich vornehmlich auf die Wochenenden, in die ich Einkäufe, Hausarbeit, Sport, Freunde und andere Unternehmungen packte. Dann kam mein Sohn auf die Welt und die Prioritäten änderten sich: 80 Prozent meines Lebens gehörten auf einmal ihm, und in die restlichen 20 Prozent versuchte ich alles Übrige zu packen – von der Arbeit bis zum Privaten. Ein wahrer Kraftakt, den ich vorher niemals so eingeschätzt hatte. Erschwerend kamen und kommen das hektische Leben hinzu sowie die vielschichtigen Ansprüche und Erwartungen, sowohl die von außen als auch die an uns selbst gerichteten.

So wird heute erwartet, dass eine frischgebackene Mutter so früh wie möglich wieder an ihren Arbeitsplatz zurückkehrt und dort die volle Leistung bringt wie früher und ganz nebenbei Kind, Haus und Mann in Schach hält. Sie sollte mit ihrem Kind entwicklungsfördernde Kurse besuchen, es zu Vereinen fahren und nebenbei Muffins und Waffeln backen. Sie sollte Kaffeekränzchen anderer Mütter besuchen und abends den Mann liebevoll empfangen. Natürlich ist auch die Wohnung, die ab sofort von einer Mietwohnung in ein durchdesigntes Eigenheim geändert werden muss, immer picobello sauber zu halten. Bestenfalls ist die Mutter weiterhin die lustvolle Ehefrau, die sich, nachdem sie das Kind bettfertig gemacht, ihm eine Abendgeschichte vorgelesen und die doch noch mal mit „Stinker“ gefüllte Windel schnell entfernt hat, in den heißen Fummel schmeißt und den Mann und sich beglückt. Der Mann indes jettet heute von einem Kontinent und Land zum nächsten, um allseits bereit für die Firma zu sein, oder aber er kommt spätabends nach Hause, wenn das Kind schon quengelig und müde ist, weil es ins Bett muss. Als moderner Vater checkt er abends noch seine Emails und wechselt gleichzeitig Windeln, gibt Fläschchen und geht mit seinen Kleinen am Wochenende auf den Spielplatz. Nichts gegen all diese Dinge, aber warum nicht auch mal sagen dürfen: Das will ich nicht! Das ist mir egal! Das kann ich nicht und darauf lege ich keinen Wert! Oder aber: Es ist nicht schlimm, wenn wir das alles nicht schaffen! Meistens sind andere Mütter und Väter erleichtert, wenn man zugibt, dass man überfordert und nicht immer perfekt ist und dass man nun mal nicht alles, was einem die moderne Pädagogik sowie das Umfeld und auch das Leben heutzutage anbietet, in Anspruch nimmt. Wie bereits erwähnt: Wir sind eben nicht alle gleich. Warum also sollte der vorgesetzte Einheitsbrei jeden von uns glücklich machen? Das geht doch gar nicht!

Doch nicht genug der eigenen überzogenen Anforderungen und Erwartungen, auch die Eltern untereinander machen sich latent Druck. Es wird verglichen, gerechtfertigt und an manchen Stellen entbrennt sogar ein Wettkampf, wessen Kind schneller ohne Schnuller, Windel & Co. auskommt. Da wird man auf einmal schräg angeguckt, wenn man sein fünf Monate altes Kind nicht im Pekip-Kurs angemeldet hat. „Und? Geht dein Kind auch in die Turngruppe?" „Ich habe meine einjährige Tochter und mich beim Schwimmen angemeldet." „Musikalische Frühförderung ist ja so wichtig."

Ich besuchte mit meinem Sohn lediglich eine Krabbelgruppe und hatte nicht das Gefühl, dass diese den Kindern diente, sondern nur für die Mütter war, die auch mal wieder unter Leute kommen wollten. „Wie schön das Leben als Mutter doch ist", flöteten dort die stillenden Mütter bei Tee und Keksen, während sich einige Kinder förmlich unkoordiniert überrannten oder schreiend in einer Ecke lagen. „Das ist nicht schön, das ist Scheiße!", entgegnete ich nur. Was war schön daran, nicht mehr durchzuschlafen, alle zwei Stunden sein Kind zu stillen, sechs Wochen am Stück zu bluten und hormonell wie vom Zug überfahren worden zu sein, mal ganz abgesehen von der für uns „Langzeit-Industrielle" traumatischen Geburt? Kurz vor der Geburt hatte ich mir ein Buch bestellt zum Thema „Hypnobirthing". Ich hatte gelesen von afrikanischen Frauen, die mal eben hinter einen Busch gingen und ohne mit der Wimper zu zucken ihr Kind alleine zur Welt brachten – und das weit entfernt von PDA und Schmerzmitteln. Ein Kind zu bekommen, so stand es in den Büchern, war doch etwas Natürliches, etwas, das eine Frau als Frau anscheinend einfach können musste. Ich atmete mich via CD in den Geburtskanal, begrüßte meinen Sohn mit einem „Namaste“ und gab uns jede Menge Licht und Liebe. Das Erleben der Geburt – oder besser gesagt meine Geburt – war von dieser Vorstellung des unkomplizierten Gebärens im Alleingang jedoch meilenweit entfernt. Vielleicht lag es auch daran, dass es keinen Busch im Krankenhaus gab und meine Hebamme mir direkt einen Einlauf verpasste? Wahrscheinlich lag es einfach daran, dass wir „Langzeit-Industrielle“ – und ich im Speziellen – ungern die Kontrolle aufgeben, um einfach zu vertrauen. Und das muss man in diesem Fall. Somit erhielt ich bereits bei der Geburt die erste Lektion über mich: Ich lernte meinen mir im Weg stehenden Kontrollzwang kennen – und das 36 Stunden lang.

Es gab viele weitere Dinge, die ich mir so nicht vorgestellt hatte, über die aber irgendwie auch keiner ehrlich sprach. Vor allem hatten nur die wenigsten davon berichtet, wie überfahren man sich hauptsächlich in der ersten Zeit fühlt und dass das nächtliche sowie auch tägliche Geschrei des Kindes einem ganz schön an die Nieren gehen kann. Ich meine, es ist doch in Ordnung zu sagen, dass mich das nervt. Trotzdem liebe ich mein Kind und würde jederzeit wieder eins bekommen. Ist doch in Ordnung zu sagen, ich habe keine Ahnung, was es heißt, Mutter zu sein, und das auch noch nicht sechs oder gar neun Monate nach der Entbindung. Ist doch in Ordnung zu sagen, ich vermisse mein altes Leben, in dem ich selbst bestimmt habe, wie mein Tag aussieht. Ist doch in Ordnung zu sagen, dass ich viele Dinge eigentlich nicht tun will, genauer gesagt jene, die alle in die Rolle einer Mutter oder eines Vaters einordnen. Warum in Gottes Namen muss ich auf einmal in diese Rolle schlüpfen und darüber nachdenken, ob ich einen Nähkurs belegen sollte? Ich mag nähen nicht! Ich will nicht immer Muffins backen, Trödelmärkte organisieren und ausschließlich auf Spielplätzen abhängen. Trotzdem liebe ich es, Mutter zu sein, und ich liebe mein Kind. Ich hatte auch überhaupt nichts gegen die Mütter im Krabbelkurs, durch die Bank waren sie alle

nett. Aber nachdem wir zu einem Streichelzoo gefahren waren und uns auf dem Vorhof im Kreis aufstellten, uns an die Hand nahmen, Guten-Morgen-Lieder sangen und dann noch Tierstimmen für unsere Kinder nachahmten, habe ich mich aus dieser Krabbelgruppe wieder rausgekrabbelt und bin dort nicht mehr aufgetaucht.

Unterm Strich fand ich das alles stressiger als ohne. Es möge mich jemand eines Besseren belehren. Wozu also der ganze frühe Freizeitstress mit Kind? Es gibt meines Erachtens die ganz einfache Regel: glückliche, entspannte Mutter gleich glückliches und entspanntes Kind. Also jedem das Seine. Wer in so einer Gruppe aufgeht, der ist dort richtig aufgehoben. Wer einen Nähkurs belegen möchte, weil er schon immer diese Veranlagung hatte, bitteschön. Letztlich geht es doch immer wieder um das eine: um Authentizität – und nicht um das Spielen einer Vater- oder Mutterrolle. Wobei wir wieder beim Thema Bauchgefühl und die für einen persönlich richtigen Entscheidungen wären. Sei einfach authentisch und gib deine Person nicht auf, weil du auf einmal Mutter oder Vater bist! Das möchte übrigens auch dein Kind nicht.

Generation pädagogisch aufgeklärt

Es gibt so einige Punkte, die mir vor dem Muttersein niemand gesagt hat. Punkt eins war, wie schon erwähnt, die Geburt. Ich hörte immer nur Sätze wie: „Raus kommen sie alle!“ „Wenn wir das geschafft haben, warum sollst du das nicht schaffen?“ „Später vergisst man das alles sowieso wieder.“ Und irgendwie hatten auch alle auf einmal eine Sturzgeburt. Ich kann mich indes noch sehr gut an Einzelheiten erinnern und auch daran, dass ich direkt nach der Geburt gefühlte 100 Mal gesagt habe: „Oh mein Gott, ich hab's geschafft!“ und „Nie, nie, nie wieder!“

Weiterhin hat mir keiner etwas davon erzählt, dass sich auf einmal alle einmischen und einen auf den Gebrauch eines Schnullers ansprechen oder Nutellabrot und Zucker zu einem großen Thema werden würden. Heute gibt es Eltern, die es schaffen, ihr Kind mindestens das erste Jahr, wenn nicht sogar die ersten zwei Jahre oder darüber hinaus, komplett zuckerfrei zu halten. Das ist mir ein Rätsel. Natürlich ist mir klar, dass ein Zuviel an Zucker ungesund ist, Folgeschäden verursachen kann und vor allem eins macht: süchtig. Immerhin entstamme ich selber einer Generation mit vollgepacktem Süßigkeitenschrank und kenne das tägliche Ausmaß geplünderter süßer Leckereien. Als ich 17 Jahre alt war, trat ich den Versuch an, ohne diesen Schrank zu leben. Am ersten Tag der Abstinenz taten sich schon die ersten Abgründe auf, schlechte Laune und der ständig wiederkehrende Ruf und Drang nach einem kleinen Stück Schokolade kamen auf. Ich hielt es trotzdem eine ganze Woche aus, und auf einmal war die Gier nach Zucker weg. Man könnte also verstehen, wenn ich aufgrund dieser Erfahrung absolut gegen Zucker für mein Kind wäre – ich bin es aber nicht. Zucker ist ein Bestandteil unseres Lebens und gehört für mich in einem ausgewogenen Ausmaß dazu. Am Ende bleiben die Fragen: Will ich das? Bin ich das? Und vor allem: Passt es zu meinem Kind? Braucht es das? Wer ist mein Kind? Entspricht es ihm?

Wir sollten wieder mehr dazu übergehen, unserem Bauchgefühl zu vertrauen und zu folgen, unserer inneren Stimme, die uns hinsichtlich Er- oder besser Beziehung schon den Weg leiten wird. Und hast du zu einer Sache eine Idee, dann handele danach, aber bitte nicht nur, weil es gerade alle so machen. Also, bist du aus tiefster Überzeugung gegen Zucker, ist dir Sport, eine musische Ausbildung oder anderes wichtig, dann lebe das, aber vergiss nie, auch hinzuschauen, ob es deinem Kind entspricht. Mein Sohn liebt beispielsweise Würstchen, und ich bin ein Gegner des Fleischkonsums. Von meinem Speiseplan habe ich jegliche Fleischwaren verbannt. Entgegen meiner eigenen Einstellung kaufe ich meinem Sohn aber doch seine geliebten Würstchen, da er mir täglich beweist und zeigt, dass er Meilen davon entfernt ist, Vegetarier oder gar Veganer zu werden.

Unterm Strich fühlen wir – vor allem vielleicht vorwiegend die Mütter – uns alle unsicher, obwohl wir pädagogisch aufgeklärt sind. Wer gibt schon gern zu, dass er sein Kind auch mal anschreit, manchmal einfach nicht mehr kann und vielleicht mit all dem falschen Perfektionismus und den Ideen, die an Eltern herangetragen werden, komplett überfordert ist? Dieses starre Konstrukt aus eigenen sowie von außen eingebrachten Vorstellungen ermöglicht es uns nur wenig, auf die wahren Bedürfnisse unser Kinder und auch auf die unsrigen einzugehen. Irgendwie klammern wir uns alle daran, was die anderen Eltern im Umfeld machen. Zudem gibt es auch noch die alten Erziehungsmodelle. Wir wissen, wie es unsere Eltern gemacht haben. Das ist das „Arbeitsmaterial", das wir an die Hand bekommen haben, und doch wollen und sollten wir es heute irgendwie anders machen. Nur wie? Wir wissen nur, dass es besser, perfekter und möglichst im pädagogischen Sinne sein sollte. Wir (Neu-)Eltern geben uns als weltoffen, modern, cool, verständnisvoll und stehen dann doch vollkommen überfordert vor unserem Kind, wenn es einen Wutanfall bekommt und seine Jacke ganz einfach nicht anziehen möchte – obwohl wir doch die ganze Zeit so verständnisvoll und fürsorglich waren. Und so handeln wir ein wenig wie Weichspüleltern oder werden heute gerne als Helikoptereltern bezeichnet, die versuchen, alles auch nur Erdenkliche für ihr Kind zu tun, und es überbehüten. Wir (Neu-)Eltern mischen uns den ganzen lieben langen Tag in das Tun und Handeln unseres Kindes ein. Wir möchten, dass das Kind so schnell wie möglich alles kann, dass es ruhig ist, brav, intelligent, vielseitig interessiert, und das alles bestenfalls schon mit zwei Jahren.

Die Anforderungen und Erwartungen, die Eltern heute an sich und ihr Kind stellen, sind enorm. Ich selber spreche mich davon nicht frei. Auch ich fühle die

Anforderungen und Sätze, die in meinem Kopf immer wieder herumspazieren: Du solltest... Du müsstest... So ist es richtig... Das macht man nicht! Immer wenn die Sätze und Erwartungen an Vehemenz zunahmen, knallte sie mir mein Sohn zurück. „Du machst das nicht richtig", sagte er dann, oder: „Mama, geh weg!" „Nein, so nicht, Mama!" „Du kannst das nicht! „Ich will das nicht!" Je mehr ich ihm etwas, das nicht ihm entsprach, aufzwängen wollte, umso mehr drückte er sich dagegen. Es zeigte sich, dass viele dieser Anforderungen, die ich an mein Kind stellte, und die Erwartungen, die ich an es hatte, meine eigenen Sätze und Anforderungen waren, die nicht immer ihm entsprachen. Nicht immer ist das, von dem man meint, dass es für das eigene Kind förderlich ist, auch wirklich stimmig und passend. Manchmal artet das sogar in Stress aus, wenn beispielsweise ein vierjähriges Kind, nachdem es fast den ganzen Tag im Kindergarten war – der Ganztagsbetreuung sei Dank –, im Anschluss noch zum Fußballtraining, Reitkurs oder Musikunterricht muss.

Doch wie findet man heraus, wer sein Kind wirklich ist und was ihm entspricht? Im Grunde ist die Antwort einfach: Beobachte es, sprich mit ihm, frage nach, versetze dich in seine Lage. Sei empathisch, fühle mit und lass dein Kind auch mitentscheiden, mitreden, mitsein. Gleichzeitig darfst du auch deine Grenzen formulieren und darauf setzen, dass diese eingehalten werden. Frage dich: Will ich das jetzt oder will es mein Kind? Ist es glücklich dabei, wenn es das tut? Ich bin der festen Überzeugung, dass, wenn man sich in dieser täglichen Empathie übt, man auch relativ schnell ein natürliches Gespür dafür bekommt, wann man seinem Kind auch mal etwas sagen und vorschreiben sollte und wann man es sich auf eigene Art entfalten und die Dinge einfach mal laufen lassen kann. Immerhin sind unsere Kinder so unterschiedlich wie wir Erwachsenen auch. Der eine zählt eher in die Kategorie Denker, der sich mit Zahlen, Fakten und Einzelheiten beschäftigt, vielleicht ist er auch etwas zurückgezogener und in sich gekehrter und braucht nicht viele Kinder um sich. Der andere ist wieder der Beziehungstyp, der ein Gegenüber und viele Freunde braucht, den ständigen Austausch sucht und zusätzlich viel Bewegung braucht. Lerne dein Kind also kennen mit dem Wissen, dass es eben so ist wie es ist und niemals mit jemand anderem vergleichbar und somit einzigartig ist. Genau richtig eben!

Erziehungsratgeber, andere Eltern und wer annimmt, hat schon halb gewonnen

„Ach, deiner wird nachts noch wach?" „Mein Sohn nimmt den Schnuller schon lange nicht mehr." „Meine Tochter konnte schon vor ihrem ersten Geburtstag laufen." Mein Haus, mein Auto, mein Kind... Plötzlich Mutter fühle ich mich einem seltsamen Erfolgsdruck ausgesetzt. Täglich schauen Eltern auf die Kinder anderer Eltern und ziehen unbewusst Vergleiche. Und auch ich ertappe mich auf einmal dabei zu gucken, ob mein Sohn in der Entwicklung schon weiter ist. Immerhin ist meine Generation pädagogisch aufgeklärt und will nur das Beste für ihr Kind. Wir wollen, dass unser gerade einmal fünf Monate altes Kind durchschläft, dass es ab dem ersten Zahn seine Zähne gründlich putzt und sozial angepasst keinem anderen Kind eines mit der Schippe verpasst. – Und während ich gerade mal wieder zu einer ausschweifenden Erklärung ansetze, warum mein Sohn etwas eventuell noch nicht kann, höre ich den halben Meter an meiner Hand sagen: „Zicke zacke Hühnerkacke!" Ach, denke ich und verstumme, irgendwie ist er doch schön normal.

Es gibt heutzutage unzählige Erziehungsratgeber auf dem Markt, die eine Anleitung geben, wie man sein Kind dazu bringen kann, so schnell wie möglich durchzuschlafen, sich exakt die Zähne zu putzen und sich so wenig wie möglich aggressiv zu verhalten. Denn alles ist erlaubt, nur bitte keinen Trotz, kein Gebrüll oder sonstiges „auffälliges" Verhalten. Irgendwie bleibt bei all den gut gemeinten Anleitungen gefühlt die eigene Intuition als Mutter oder Vater auf der Strecke. Haben wir verlernt, Eltern zu sein? Oder trauen wir dem Braten und damit auch uns selbst und unserem Bauchgefühl nicht mehr? Warum suchen wir nach einer Anleitung für unseren Nachwuchs? Eines ist sicher, unsere Kinder sind nicht alle gleich und auch nicht alle Eltern sind es. Warum sollte also dasselbe gut gemeinte Wort für alle gelten und als Non-Plus-Ultra-Anweisung funktionieren?

Irgendwie hatte ich das Gefühl, dass sämtliche Erziehungsratgeber widerspiegeln, wie unsicher die heutige Generation Eltern ist. Und damit schließe ich mich ein. Selten war ich so unsicher wie in den ersten Tagen und Wochen als Mutter. Auch heute noch habe ich in vielen Situationen und Phasen das Gefühl, zu versagen oder es nicht richtig zu machen. Ich könnte verzweifeln, wenn mein Kind wieder einmal nicht seine Jacke oder Schuhe anziehen möchte. Ich könnte verzagen, wenn mein Kind mir all seine Wut und eigene Verzweiflung entgegenwirft, weint, schreit, sich auf den Boden wirft und wieder einmal alles nicht nach meinen Vorstellungen läuft.

So sollten mich und meinen Sohn unter anderem die Themen Lautstärke und Gebrüll immer wieder begleiten. In den ersten Monaten war es so, dass mein Sohn abends mehrere Stunden wie um sein Leben schrie. Ich googelte mich durch das Internet nach Antworten, warum er immer wieder weinte, obwohl er doch satt sein müsste und eine trockene Windel anhatte. Doch abendliche Schreistunden waren die Regel und das Organ meines Sohnes ein äußerst voluminöses. Um ziemlich genau 18 Uhr ging es los. Mein Sohn weinte und weinte, schrie und schrie und ließ sich durch nichts beruhigen. Ich trug ihn, er schrie. Ich

wickelte ihn, er schrie. Ich schuckelte, wippte, beruhigte. Mein Sohn schrie weiter, bis er knapp anderthalb Stunden später ganz plötzlich mitten im Schreien erschöpft einschlief. Ich war verzweifelt. Tagsüber war er zumeist gut gelaunt und weinte und schrie nur, wenn er Hunger hatte. Ich hatte das Gefühl, als Mutter zu versagen, wenngleich mir sowohl meine Hebamme als auch mein Kinderarzt versicherten, dass das abendliche Schreien vollkommen normal sei. Von Verwandten und Freunden mit Kindern hörte ich Sätze wie: „Das sind ganz normale Magenkoliken." „Es ist nun mal ein Junge." „Jungs sind davon häufiger betroffen." „Das erste Kind schreit nun mal, beim zweiten sieht das schon wieder ganz anders aus." Auch ließ ich die Geburtsblockaden meines Sohnes beim Osteopathen lösen. All dies half jedoch nichts. Ich klammerte mich förmlich an meinen Sohn, wenn er abends schrie, und dachte nur: „Ich bleibe bei dir." „Ich lasse dich nicht alleine." Gleichzeitig stieg mein Stresspegel ins Unermessliche, und ich musste den Impuls unterdrücken, mein Kind nicht zu stark zu schuckeln, damit dieses Gebrüll endlich ein Ende nahm. Das war der Moment, in dem ich eine leise Ahnung davon bekam, wie es zu Ausrastern bei Müttern kommen konnte. Ich empfand es als schlimm und belastend, meinem Sohn nicht helfen zu können und diese Ohnmacht als Mutter zu fühlen. Eines Abends wollte er wieder nicht aufhören zu schreien. 100 Dezibel knallten mir ohne Pause um die Ohren, bis ich mich erschöpft mit ihm aufs Bett setzte und innerlich aufgab und einfach nur weinte. In diesem Moment schaute er mich fragend an und schlief sofort ein. Ich wagte es nicht mehr, mich großartig zu bewegen, nahm nur die Kontaktlinsen aus meinen Augen, schmiss diese einfach zu Boden, zog mich nicht mehr um, sondern verharrte in dieser starren, sitzenden Haltung mit meinem schlafenden Sohn auf dem Arm, in der Hoffnung, dass dieser nicht wieder zu einem ohrenbetäubenden Geschrei loslegte. So schlief ich dann ein. Ich sollte noch viele Nächte in ähnlichen, ungemütlichen Positionen verharren. Es war zum Verzweifeln.

Ich konsultierte den Arzt, die Apotheke, schmierte meinem Sohn jeden Abend Windsalbe in rhythmischen Uhrzeiger-Bewegungen auf den Bauch, gab ihm unter Protest Kümmelzäpfchen. Ich schuckelte, beruhigte und stillte. Ich suchte nach der einen, der richtigen Antwort. Bis ich mir eines Tages dachte, dass alles, was ich da gerade tat, rein gar nichts, aber auch wirklich gar nichts gebracht hatte und nicht die Lösung war und ich all die Salben und Zäpfchen umsonst gekauft und verabreicht hatte; sämtliche Versuche waren vergeblich. Auch die sehr unterschiedlichen Antworten in den vielen Mütterforen im Internet hatten mich letztlich nur noch verrückter, verzweifelter und unsicherer zurückgelassen. Und in diesem Moment des Aufgebens, des nicht mehr nach einer Lösung Suchens, des nicht mehr Kämpfens nahm ich auf einmal an. Die Situation war wie sie war: Mein Sohn schrie abends. Punkt. Ich brauchte keine Lösung mehr, denn in dem Moment, als ich das einfach so annahm, wie es war, stellte es auch kein Problem mehr für mich dar. Ein Schalter hatte sich umgelegt, wie von Zauberhand. Der Druck war weg, der Druck des Versagens, etwas vielleicht (wieder einmal) nicht richtig gemacht zu haben.

Es ging einfach nur ums Sein und die Annahme der Situation, ohne Bewertung, ohne Angst und Zweifel. Ich entspannte mich. Zwar bedeutete dies nicht, dass mein Sohn am nächsten Abend nicht mehr schrie, aber es dauerte nicht mehr lange, dann war diese Phase vorüber, wie so viele einzelne Phasen, die noch kommen sollten und die es immer wieder galt, willkommen zu heißen und anzunehmen, denn sie gehören dazu, sind Teil von uns und unserem Entwicklungsprozess. Und dazu zählen eben nicht nur positive Gefühle und Situationen, sondern auch negative. Auch diese wollen nicht einfach verdrängt, sondern gefühlt werden. Sie haben ihre Berechtigung.

Mir fiel dazu ein Spruch von einer Wahrsagerin ein, die ich einige Zeit, bevor ich schwanger geworden war, resultiert hatte. Diese schaute mich am Ende der Sitzung an und sagte: „Meine Liebe, ich gebe dir jetzt noch einen letzten Spruch mit auf den Weg: Die Lösung ist die Lösung.“ Nachdem ich damals noch kopfschüttelnd aus dem Raum bin, weiß ich heute, dass genau in dieser Aussage nicht mehr Wahrheitsgehalt stecken könnte. Die Lösung ist die Lösung. Und die Situation, die gerade ist, ist einfach so und will so sein. Akzeptiere den Moment und kämpfe nicht mehr dagegen, dann kehren auch Frieden und Freude zurück.

Dinge so anzunehmen, wie sie sind, sich zu sagen, das ist jetzt so, bringt oft schon inneren Frieden. Wenn mein Kind gerade aggressiv ist, dann ist dies gerade so und das wird schon alles seinen größeren Sinn haben. Immer dann, wenn ich losgelassen und quasi das Kämpfen aufgegeben hatte, wenn ich nicht mehr krampfhaft versuchte, den aktuellen Zustand oder das Verhalten meines Sohnes zu ändern, hatte das eine ganze Menge Druck rausgenommen, die Dinge flossen wieder und es passte. Vor allem stellte sich mein Sohn dann auch nicht mehr dagegen und wehrte sich nicht mehr mit allen erdenklichen Mitteln. Er tat meist sogar auf einmal das, was ich wollte, und das freiwillig.

Gerade einmal wieder mit diesem Thema konfrontiert – und glaub mir, das Thema „Loslassen und Akzeptanz" wird es in deinem Leben und im Speziellen im Leben mit deinem Kind immer wieder geben und bildet quasi den Nährboden für eine gute Beziehung zu deinem Kind und zu deinem Leben –, stieß ich auf eine Mail von einer wunderbaren Frau und Seele, die mich ein Stück weit auf meinem Weg begleitet hatte und mir für eine kurze Zeit ein spiritueller Lehrer war. Ich war im Internet zufällig auf ihr Angebot des spirituellen Coachings und der Engeltherapie gestoßen. Doch was heißt schon Zufall? Wie so oft liefert einem das Leben genau die Antworten und Menschen, die man gerade braucht. Ich weiß auch gar nicht mehr genau, nach welchen Stichworten ich gegoogelt hatte. Auf einmal erschien auf dem Bildschirm ihr Angebot, und ich, die vom Thema Spiritualität noch weit entfernt und mit Engeltherapie bis dato nie etwas am Hut gehabt hatte, griff kurzentschlossen zum Hörer und rief bei ihr an. So kam es dazu, dass mich Awen Lucia, so ihr wundervoller Name, via Telefon über ein halbes Jahr coachte und mich ein großes Stück zu meiner Selbstliebe zurückführte. Ich kann mich noch gut daran erinnern, dass ich es erst mehr als befremdlich fand, als sie mit ihrer Arbeit begann und sie neben den Übungen, die ich machte, zusätzlich die Engel zur Hilfe rief. Doch trotz all der Zweifel änderte genau diese Energie- und Engelarbeit jedes Mal meinen aktuellen Zustand, und mir ging es sofort besser. Ich fühlte tiefen Frieden und mich wieder gestärkt und erholt. Es musste also etwas dran sein an diesen Engeln. Auch noch Jahre nach unserem Coaching erhielt ich via Newsletter Nachrichten von Awen Lucia (www.divine-grace.net), und sie passten jedes Mal wunderbar zu meiner Situation und dem Thema, das mich akut beschäftigte. So erreichte mich eines Tages auch diese Nachricht passend zum Thema „Annehmen und Akzeptanz“:

Namaste meine Lieben!
Im Frühjahr habe ich 5 Wochen in Indien verbracht. Nachdem ich mich eingelebt hatte, fühlte ich mich SEHR tief verbunden mit und angekommen bei „Mutter Indien", wo einfach eine tiefe Spiritualität und Hingabe spürbar ist. Ein wichtiger Aspekt, über den ich heute schreiben möchte, ist in der indischen Mentalität fest verankert: nämlich das Annehmen. Die Fähigkeit, Gegebenheiten, Menschen, Herausforderungen, Schicksalsfügungen etc. offen anzunehmen, fällt uns im Westen schwer. Wir sind es gewöhnt, zu kämpfen ... gegen widrige Umstände, gegen Feinde, gegen Herausforderung, gegen Krankheiten, gegen Ungerechtigkeit ... wir merken es oft gar nicht mehr, dass wir kämpfen, da es so „normal" ist! Wir könnten es erkennen, weil wir durch den Kampf erschöpft, ausgelaugt, leer und ohne Lebensfreude sind.

Frage dich:

- *Wogegen wehre ich mich?*
- *Was geht mir voll gegen den Strich?*
- *Was will mir einfach nicht eingehen?*
- *Was/wen kann ich einfach nicht akzeptieren?*
- *Was/wen will ich unbedingt anders haben?*
- *Wogegen kämpfe ich?*

Diese Fragen beziehen sich auf ALLES im Außen, aber vielleicht kämpfst du auch am meisten gegen dich selbst, beziehe also dich selbst auch in diese Fragen ein! Vielleicht bist du erstaunt, wie viel dir einfällt, weil dir gar nicht bewusst war, wie oft und wie sehr du kämpfst! Schaue dir in Ruhe, ohne dich zu verurteilen, deine „Kriegsschauplätze" an. Bewusstwerdung ist immer der erste wichtige Schritt!

Warum Kämpfen nichts bringt und wie du damit aufhörst: Wir kämpfen, weil wir bestimmte Vorstellungen haben, wie die Dinge sein sollten … und zwar ANDERS als sie jetzt sind! Unsere Vorstellungen sind logischerweise eine sehr begrenzte Sicht, denn niemals wäre unser Verstand in der Lage, die Ganzheit und Totalität des Lebens/der Welt zu erfassen! Wir können immer nur von unseren Erfahrungen, unserem begrenzten Blickwinkel ausgehen. Dabei fühlen wir uns auch noch sehr im Recht. Wenn wir das jedoch einmal wirklich durchdenken, wird offensichtlich, dass wir niemals wissen können, WAS genau für das große Ganze richtig oder falsch ist, wir können nicht wissen, welche größeren Zusammenhänge wirken, wir können niemals wissen, ob und wie das Gesetz des Karma/der göttlichen Gerechtigkeit gerade wirkt, weil wir nie alle Hintergründe kennen. Wenn wir es wirk-

lich durchdenken, wird auch offensichtlich, dass es irrsinnig ist, gegen den Fluss des Lebens ankämpfen zu wollen! ALLES, was gerade jetzt so ist wie es ist, ist genau richtig so wie es ist und entspricht dem unergründlichen Fluss des Lebens. Sonst wäre es nicht so, denn alles hat einen Sinn, den wir aber eben nicht unbedingt verstehen.

Am besten ist es also, den Kampf zu beenden, die Waffen niederzulegen und das anzunehmen, was ist. Sei es eine Arbeitskollegin, die dich mobbt, eine Krankheit, die dich belastet, ein finanzieller Engpass, der dir die Luft raubt, die Sachlage, dass du gerade keine Arbeit hast, ein Streit vor Gericht mit deinem Onkel, dein Unvermögen, ein wichtiges Projekt fertigzustellen, Ängste um deine Liebsten oder ähnliches. ALLES darf und soll genauso sein, einfach aus dem Grund, weil es sonst nicht so wäre! Die göttliche Ordnung wirkt immer und jederzeit und hält ALLES in Balance, darauf kannst du vertrauen! Auch alles, was wir als negativ bezeichnen, hat seinen Sinn im großen Ganzen! Führe dir also vor Augen, wogegen du schon lange gekämpft hast, und erkenne die Sinnlosigkeit dieses Gefechtes. Werde still, werde ruhig. Formuliere genau, worum es sich handelt, was der Gegner/Feind war. Sobald du es klar formulieren kannst, gehe zum nächsten Schritt dieser kleinen wirkungsvollen Übung:

Stelle dich aufrecht oder sitze aufrecht, öffne deine Arme und auch die Handinnenflächen (nach oben außen, so dass du nicht verschlossen, sondern offen bist), stelle dir die Sache/die Person/das Gefühl/den Umstand, wogegen du im Widerstand warst, vor, als würde er/sie/es vor dir stehen, und sprich am besten laut: „Jetzt heiße ich dich in meinem Leben willkommen! Du bist willkommen, der Kampf ist vorbei! Ich sage ‚JA' (du kannst hinzufügen: ‚auch wenn es mir schwerfällt'). Jetzt bekommst du, ‚Thema XY', einen Platz in meinem Leben." Sprich es aus mit Kraft und Tiefe, kein schnelles und oberflächliches „Dahingeplappere", um die Übung möglichst schnell wieder beenden zu können! Und spüre dann deinen Worten nach und was dadurch passiert. Energie wird zu fließen beginnen. Vielleicht, falls es sich um einen großen Widerstand handelt, erst mal kaum wahrnehmbar, aber wenn du beharrlich dabei bleibst und diese kleine Übung oft genug wiederholst, dann fließt Energie und werden Blockaden in dir aufgelöst, die dir Kraft, Lebensenergie und Lebensfreude abgezogen haben! Mit der Zeit und mit Wiederholung wirst du ruhiger, gelassener, friedlicher und freudiger sein. Du hast dich entschieden, den Widerstand gegen den Fluss des Lebens aufzugeben und dich tragen zu lassen. Eine großartige und weise Entscheidung! Du kommst wieder in den Einklang mit dem großen Ganzen und dem Urgrund des Seins! Die Folge davon ist, dass sich die Dinge plötzlich wie von selbst lösen/ändern oder uns zumindest nichts mehr ausmachen. Oft zeigen sich neue Wege, neue Hilfen oder Menschen/Themen verschwinden einfach, ohne dass wir etwas davon bemerken.

Oft werde ich gefragt: „Heißt das nun, dass ich völlig passiv werden soll? Einfach alles hinnehmen, ohne einzugreifen, ohne zu handeln? Das ist doch unverantwortlich!" Natürlich sollst du im täglichen Leben handeln, und zwar das, was gerade JETZT ansteht. Dieses Kämpfen hat vielmehr mit einer Geisteshaltung zu tun, mit der uns das Gedankenkreisen an die „schlimmen Dinge" in Vergangenheit oder Zukunft führt. Weder in der Vergangenheit noch in der Zukunft können wir etwas tun, Handeln ist immer nur im Hier und Jetzt möglich und klar ist auch stets der allernächste Schritt. Fünf Schritte vorauszuplanen, ist oft sinnlos, weil sich dann schon wieder alles geändert hat. Kämpfen ist also zuallererst immer eine Geisteshaltung. Ändere diese Geisteshaltung und dein Han-

deln wird automatisch im Einklang mit dem Fluss des Lebens sein. Du wirst Leichtigkeit und Klarheit spüren und dich frei fühlen. Welch ein Segen! Das wird sich auch positiv auf dein ganzes Umfeld auswirken! Fange also gleich damit an!

Mit Liebe, Awen Lucia

Wie wenig können wir heute einfach hin- und annehmen! Haben wir Kopfschmerzen, nehmen wir eine Tablette, fühlen wir uns bedrückt oder traurig, schauen wir fern, greifen zum Telefonhörer und lenken uns ab, anstatt das Gefühl, das hochkommt, endlich einmal zu fühlen und es SEIN zu lassen, so dass es heilen kann. Wir wollen alles beeinflussen oder steuern und jede Kleinigkeit, auch unsere Kinder betreffend, pädagogisch durchdiskutieren, und wir haben den Anspruch, alles perfekt machen zu wollen. Wir Erwachsenen würden am liebsten immer „funktionieren", genau wie es am besten auch unsere Kinder sollen. Dabei merkt man als frischgebackene Eltern recht schnell: Von der Vorstellung, mit dem Kind etwas nach Plan und den eigenen Vorstellungen zu machen, und das am besten auch noch pünktlich, kann man sich ganz schnell verabschieden.

Seitdem ich Mutter bin, lebe ich in einem neuen Zeitalter. Während ich früher, kinderlos, Punkt halb sieben aufgestanden und unverzüglich unter die Dusche gesprungen bin, damit ich pünktlich 45 Minuten später das Haus zur Arbeit verlassen konnte, gleicht die Zeitrechnung heute, mit Kind, jeden Morgen auf einmal einer Wundertüte. Montagmorgen, halb sieben, der Wecker klingelt: „Mama, ich will noch kuscheln." „Wir müssen aufstehen!" „Kuscheln!" Es wird viertel vor sieben, ehe wir ins Badezimmer traben. Während ich dann den Versuch starte, meinen Sohn umzuziehen, kommt dieser aus dem Händewaschen gar nicht wieder heraus und wendet sich lieber seinen Spielautos zu. Die Uhr schlägt fast schon halb acht, als wir endlich, die Hose, Pullover, Jacke und Mütze angezogen und mit Schnuller, Kuscheltier & Co ausgestattet, an der Haustür stehen. Auf einmal stinkt es. Ich nehme also meinen Sohn, um ihm erneut die Windel zu wechseln. Hose aus, wieder an, Jacke zu und die von ihm runtergezogene Mütze wieder an. Es ist viertel vor acht. Jetzt kommt der Punkt, der mir komplett den Schnitt zunichte machen wird: das Ein- und Aussteigen aus dem Auto. Mein Sohn entdeckt die Nachbarskatze, sucht im Beet die Schnecke von gestern und muss noch einmal durchs Laub laufen. Endlich am Kindergarten angekommen, frage ich den Trödelkönig mit winkender Autotür: „Wann gedenkst du, endlich auszusteigen?" „Dienstag", entgegnet der mir nur. – Die Tage schrieb mir eine kinderlose Freundin. „Magst du mit deinem Kleinen nicht in einer halben Stunde spontan mit zum Shoppen nach Dortmund kommen?" Irgendwie musste ich daraufhin eine ganze Zeit lang lauthals lachen.

Ich agiere also nur noch in Zeitfenstern – oder auch breiter gesteckten Puffern. Möchte ich, dass mein gerade einmal dreijähriger Sohn mit mir einigermaßen pünktlich morgens die Wohnung verlässt, und damit meine ich mit Jacke und allem, was sonst noch dazu gehört, dann lasse ich ihm Zeit. Ich starte viel früher als zu Zeiten, in denen ich noch alleine war. Ich gebe ihm Raum, und die Dinge eskalieren so weniger. Kinder sind nicht gemacht für das Leben nach der Uhr. Das muss man einfach so akzeptieren. Wir Erwachsenen haben uns dieses Leben im Zuge der Industrialisierung antrainiert, ansonsten sähe unser täglicher Tagesablauf auch anders aus. Wir müssen heute eben pünktlich zur Arbeit, zu Meetings und Gesprächen antreten. Wir sind pünktlich am Platz und warten bis zu einer bestimmten Uhrzeit – ganz gleich, ob wir produktiv waren oder nicht – und gehen wieder. Früher richteten sich die

Menschen nach der Natur, der Sonne, dem krähenden Hahn, den Winden und Gezeiten. Es spielte sich jeden Tag ein natürlicher Lauf der Dinge ab. Wie oft übergehen wir heute diesen natürlichen Rhythmus! Warum also nicht unseren Kindern so lange wie möglich die Chance lassen, ihren eigenen Rhythmus zu leben? Und sollte es dir deine Arbeit und das tägliche Leben ermöglichen, dann nutze auch du einmal den Rhythmus deines Kindes – und wenn es sich dabei auch nur um ein kleines Zeitfenster handelt. Lasse dich auf dein Kind und seinen Ablauf ein. Sage dir: „Jetzt, in diesem Moment, gibst du den Rhythmus vor, nicht ich." Du kannst mir glauben, da zeigen sich dir auf einmal ganz andere Dinge, die du schon lange nicht mehr wahrgenommen hast – und wenn es der Marienkäfer am Wegesrand ist. Du wirst wieder zum Entdecker und Liebhaber der kleinen und doch so wichtigen Dinge. Du musst die Dinge nicht immer beeinflussen oder steuern, du brauchst nur präsent zu sein – genau wie es dir dein Kind vorlebt: das Leben in Präsenz, das wohl größte Geschenk deines Kindes. Lege es selber darauf an, hier und da langsamer zu werden. Hektik erzeugt nur immer mehr Hektik und entfernt dich immer mehr von dir selbst. Sage dir, ich bin hier, präsent, mit meinem Kind. Endlich hast du auch mal Zeit, für dich durchzuatmen und die Welt nochmal durch die Augen eines Kindes zu sehen und sie neu zu entdecken.

Genauso wie es mein Sohn jeden Tag tut, denn in seinem Leben gibt es derzeit viele erste Male. So sind wir letztes Jahr das erste Mal in den Urlaub geflogen, und er hat dort das erste Mal das Meer gesehen. Mein Sohn rannte mit offenem Mund den Wellen entgegen und steckte seine kleinen Füße strahlend ins kühle Nass. Die Tage erst biss er das erste Mal in eine Zitrone und kriegte sich vor lauter Lachen gar nicht mehr ein. Der erste Schluck Sprudelwasser ließ ihn am ganzen Körper schütteln, und von der ersten Fahrt mit dem Zug erzählt er noch heute. Das erste Mal, als er nicht in die Windel, sondern ins Töpfchen machte, staunte er nicht schlecht und erhielt großen Beifall. Und das erste Mal beim Zahnarzt verhielt er sich wie ein ganz Großer und machte souverän den Mund auf. Zu den vielen ersten Malen gehörte auch ein neu entdeckter Forscherdrang. Eines Morgens, als ich mich noch im Tiefschlaf befand, vernahm ich auf einmal die Stimme meines Sohnes: „Guck mal Mama, was ich gefunden habe", sagte er und platzierte im selben Moment einen Schnodder aus seiner Nase direkt neben meinen Kopf aufs Kissen. Keines dieser ersten Male möchte ich missen.

Wer bringt hier wem was bei?

Als Mutter oder Vater hat man eine bestimmte Vorstellung, wie das eigene Kind bestenfalls zu sein hat. Dazu gehören ein braves und liebes Verhalten, eine gesunde Ernährung mit Gurke, Tomate & Co., und Handy- und Fernsehkonsum sind eher verpönt. Aber wie so oft klaffen Soll- und Ist-Zustand irgendwie auseinander. Wer sagt auch, dass das, was man sich wünscht, immer das Richtige für einen oder besser gesagt für das Kind ist? Während ich also vorwiegend auf fleischfreie Kost setze, verschlingt mein Sohn am liebsten Würstchen, und das in großen Mengen. Während ich gerne in Ruhe meine Einkäufe erledigen möchte, geht mein Sohn lieber auf Abwegen und bekommt auch schon mal einen Wutanfall zwischen Käseregal und Würstchentheke. Und um die Bügelwäsche und Hausarbeit in Ruhe bewältigen zu können, schalte ich dann doch den Fernseher an… muss ja keiner wissen. Wenn da nicht immer diese entlarvenden Momente wären. So erklomm mein gerade einmal zweijähriger Sohn eines Tages bei schönstem Sonnenschein ein Klettergerüst mit Rutsche, lehnte sich oben angekommen an die Brüstung und rief so laut, dass es alle im nahen Umkreis hören konnten: „Tötet den Drachen! Holt mir den Kopf!“ Fernsehen ist aber auch ein Teufelswerk.

Werte vermitteln und die Regeln des täglichen Lebens lehren, dieser vermeintlichen Aufgabe sieht man sich als Eltern eines kleinen Kindes jeden Tag gegenübergestellt. Dabei erhalten wir Erwachsenen so oft eine meist lustige Lektion zurück. Und so sollte es sein, dass ich mit ihm ein paar Mal in die Kirche außerhalb der Gottesdienstzeiten ging, um ihm die Gebetsstätte zu zeigen. Jedes Mal dort angekommen, zückte ich meinen Finger, legte diesen bedächtig an meine Lippen und setzte zu einem „SCHH“ an. „Leise sein.“ Mein Sohn hatte nach einer Weile also erfolgreich für sich abgespeichert: In der Kirche musst du leise sein, das ist oberstes Gebot. Eines Sonntagmorgens entschied ich mich zu einem spontanen Gottesdienstbesuch mit ihm. Die Kirche war voll von Menschen, die alle still auf ihren Bänken saßen. Der Gottesdienst begann, die

Kantorin ging zum Rednerpult, legte ihr Gesangsbuch hin und stimmte ein Lied an. Da riss sich mein Sohn auf einmal von mir los, rannte vollkommen empört nach vorne zum Pult, legte den Finger an die Lippen und gab lauthals „SCHH, leise sein“ von sich. Oberstes Gebot also: Denke über manche Regel, die du vermittelst, dann und wann lieber noch ein zweites Mal nach.

Wie sollte es anders sein: Als Mutter oder Vater ist man ja grundsätzlich davon überzeugt, dass man seinem Kind etwas beibringen muss. Der neue Erdenbürger braucht Erziehung. Wir müssen ihm unsere Wertevorstellungen und Meinungen auferlegen und ihm zeigen, wo es im Leben langgeht. Denn es ist doch klar: „Solange du deine Füße unter meinen Tisch stellst, solange wird gemacht, was ich dir sage!“ Immerhin sind wir die Erwachsenen und wissen, wie die Welt da draußen funktioniert. Außerdem wollen wir für unsere Kleinen ja sowieso immer nur das Beste. Dazu gehören nicht nur grundlegende Dinge wie das Anziehen der Schuhe, das Essen mit Messer und Gabel oder dass man bei Rot nicht über die Straße geht, wir wissen auch, was gut für unser Kind ist. Wir haben eine konkrete Vorstellung, was es machen oder eben nicht machen soll. „Sitz still!“ „Iss auf!“ „Das macht man nicht!“

„Lass die Finger davon!" Die Liste der über den Tag verteilten Anweisungen und gezielten Freizeitbeschäftigungen und Verabredungen ist gnadenlos lang. Englischkurs, Ballett und Fußball versus weniger freies Spielen auf der Straße und dem Entdecken der Welt im eigenen Tempo. Kein Wunder, dass da so manch ein laufender Meter irgendwann die Nase voll hat und auch mal aufmüpfig wird. Ich glaube, einige Mütter oder Väter wären erschrocken, wenn sie sich einen Tag lang von außen betrachten könnten. Dabei zeigen uns unsere Kinder des Öfteren, dass reines Auf- oder Erzwingen in den meisten Fällen bei ihnen nicht funktioniert.

Eine mich zum Schmunzeln bringende Anekdote lieferte das tägliche Zähneputzen. Denn was bringt man seinem Kind unter anderem als erstes bei? Richtig: Es soll wissen, wie alt es ist. Und so hatte mein Sohn schnell parat, zu sagen: „Ich bin zwei." Er hatte auch die Gabe, diese Aussage auf andere Situationen übertragen zu können. Eines Abends ging es wieder einmal darum, ihn zum Zähneputzen zu bewegen, was nicht zu unseren leichtesten Übungen gehörte. Die letzten Wochen hatte ich schon so einiges versucht. Ich hatte Zahnputzlieder gesungen, ihm demonstrativ gezeigt, wie ich meine eigenen Zähne putzte, und den Zähnen Namen gegeben. Doch nie wollte es so richtig klappen.

Es ging sogar soweit, dass ich mich vor die Tür stellte und ihn erst wieder aus dem Raum ließ, bis wenigstens ein Zahn geputzt war. So auch wieder an diesem Abend. Wut stieg in mir auf. Vollkommen entnervt zeigte ich auf eine Zahnlücke von mir, auf die noch eine Brücke gehört. „Schau", sagte ich, „wenn du dir nicht die Zähne putzt, dann fressen fiese Bakterien deine Zähne auf und sie fallen ALLE aus!" Bums. Frust und Ärger hatten mich getrieben. Da schaute er mich mit Engelsaugen an und sagte: „Aber Mama, ich bin doch erst zwei." Von da an ließ ich die Geschichten weg, stellte mich ohne Worte ans Becken, um mir die Zähne zu putzen, und keine paar Minuten später tat er es mir gleich. Warum auch nicht? Mein Sohn war ja auch schon zwei.

Wir Erwachsenen möchten so gerne das Ruder in der Hand haben und am liebsten nur bestimmte Emotionen bei unseren Kindern sehen. Was für unsere Kinder so viel bedeutet wie: Du bist nur in Ordnung, wenn du dich auf eine bestimmte Weise verhältst oder fühlst. Also liebe Kinder, wenn ihr es euch mit Mama und Papa nicht verscherzen wollt, dann verzichtet doch bitte auf Dinge wie Wut, Aggression und Traurigkeit. Seid bitte still, brav, lieb und immer freundlich. Alles andere funktioniert für uns Erwachsene nicht und wird bestraft – wenn auch manchmal indirekt. Beliebtes Mittel ist hier der Liebesentzug. Manche greifen auch auf das Fernsehverbot oder das Heute-Abend-gibt-es-kein-Abendbrot zurück. Alles verzweifelte Versuche von uns Erwachsenen, die Situation irgendwie wieder in den Griff bekommen zu wollen. Und warum ist dies so? Liebe Kinder, wir Erwachsenen haben ansonsten das Gefühl, dass wir als Eltern versagt haben und gescheitert sind. Wir denken dann, dass wir etwas falsch gemacht haben. Weiterhin arbeiten alte Erziehungsmethoden in uns, die wir am eigenen Leibe erfahren durften. Außerdem mögen wir es auch nicht, wenn andere Eltern, Nachbarn oder auch nur die alte Dame an der Kasse hinter uns euer vermeintlich auffälliges Verhalten kommentieren. Und glaubt uns, kommentiert wird gerne und viel, wenn es um euch Kinder geht – auch von gänzlich unbekannten Menschen.

Als Neu-Mutter musste ich mir sehr häufig die an meinen Sohn gerichtete Aussage anhören: „Na, du musst auch schön brav sein!“ Was will man darauf antworten? Vielleicht: „Mach dich weg, du alte Schrubbelhexe.“? Also grinst man blöd-breit und nuschelt entschuldigende Sätze wie: „Hat schlecht geschlafen.“ oder „Zahnt momentan.“ Vielleicht würde Ehrlichkeit an dieser Stelle einmal guttun. Das ist ohnehin einer der wohl wichtigsten Werte für ein gesundes und wahrhaftes Leben, denn nur wer ehrlich sowohl zu anderen als auch zu sich selbst ist, lebt authentisch.

Wir haben von Generation zu Generation gelernt, dass wir Eltern die Macht haben und unseren Kindern alles beibringen. Wie wäre es aber im umgekehrten Fall, wenn nicht wir es sind, die unseren Kindern etwas beibringen, sondern wenn unsere Kinder auf die Welt kommen, um auch uns im Gegenzug etwas zu lehren? Was wäre, wenn sie es sind, die uns den Spiegel vors Gesicht halten, um uns unsere Defizite und noch anstehenden Entwicklungsschritte aufzuzeigen? Vielleicht sind genau sie es, die uns auf den Weg bringen wollen? Vielleicht ist das Ganze ein Geben und ein Nehmen und gar kein Bestimmen von oben herab nach unten? Vielleicht geht es endlich darum, die Stimme des Kindes wahrzunehmen und in eine *Be*ziehung statt in eine *Er*ziehung zu gehen? Das impliziert, dass man sich selbst hinterfragt und nicht einfach nur autoritär dem Kind versucht, etwas aufzuzwingen.

Warum ist mein Kind gerade aggressiv? Was habe ich damit zu tun? Warum ist es schon wieder aufmüpfig? Warum weint es die ganze Zeit? Warum wird es krank? Natürlich, nicht hinter jedem Verhalten oder jeder Krankheit steckt eine eigene Schuld und nicht alles muss und sollte man auf sich beziehen. Aber wir sind ein System, das nur zusammen funktioniert und sich gegenseitig beeinflusst. Die Balance zwischen Erziehung und Selbstreflektion ist nicht einfach, auch wenn unsere Kinder eine direkte Sprache sprechen. Es ist wie die Seele, die zu uns spricht. Wir hören eine Stimme und wenn wir sie nicht beachten, spricht sie durch unseren Körper und am Ende sogar durch Krankheiten. Vernehmen wir sie nicht, verschafft sie sich auf anderen Wegen Gehör. Und so machen Kinder irgendwann auch lautstark von sich hören, wenn wir sie und ihre Ansprache nicht beachten, und wenn es auf die ungemütliche Art ist.

Wir Erwachsenen sollten uns öfter etwas von unseren Kindern abschauen. Wir „Großen“ leben sehr häufig immer wieder den gleichen Tag durch. So ziehen die Jahre ins Land und nichts verändert sich. Doch es lohnt sich, aus den eingefahrenen Gleisen auszubrechen und hier und da Risiken einzugehen. Es lohnt sich, alte Bahnen zu verlassen und neue Variationen in den Alltag zu integrieren und offen zu sein für die schönen Momente, die uns das Leben bietet. Denn das immer Gleiche, das „lang Bewährte“ und das, was alle machen, wirkt verlässlich, lebendig ist es allerdings nicht. Es gilt, ein Bewusstsein dafür zu entwickeln, dass wir dem großen Lauf vertrauen können. Dafür lohnt es sich, das Leben durch die Augen der Kinder zu sehen. Denn schon in der Bibel (Matthäus 18) steht geschrieben: *„Jesus rief ein Kind zu sich und stellte das mitten unter sie und sprach: Wahrlich ich sage euch: Es sei denn, dass ihr umkehret und werdet wie die Kinder, so werdet ihr nicht ins Himmelreich kommen."*

Von der Erziehung in die Beziehung

Manchmal ist es wirklich verblüffend, was so kleine Dreikäsehochs schon alles auf dem Kasten haben. Gerade können sie sprechen, laufen und mit dem Löffel essen, schon stehen sie uns auch in Sachen Logik in vielen Dingen in nichts mehr nach. Und das, obwohl sie noch mit Windel und Schnuller im Mund herumlaufen. Eines Tages spielten mein Sohn und ich Federball – oder besser gesagt unternahmen wir den Versuch, den kleinen Ball zu treffen, was zu 99,9 Prozent nicht gelang, aber meinem Sohn einen Heidenspaß machte. Da fiel der Federball nach einem wiederholten Fehlschlag hinter ihm in die Ecke. „Mama, du holen!", forderte mein Sohn daraufhin. Ich erwiderte hingegen: „Der liegt doch bei dir. Hole du ihn. Du stehst doch viel näher dran." Er insistierte wieder: „Mama, du holen!“ „Aber du stehst doch viel näher am Ball, hole du ihn“, entgegnete ich erneut. Wir spielten uns „den Ball“ verbal noch ein paar Mal zu. Doch ich blieb standhaft und bewegte mich keinen einzigen Schritt in seine Richtung. Immerhin ging es hier ja auch ein wenig um einen erzieherischen Effekt. Nach langem Hin und Her setzte sich mein Sohn auf einmal in Bewegung, wenngleich nicht in die Richtung des Balles. Schnurstracks ging er auf mich zu und stellte sich hinter mich, zeigte auf den Federball und sagte: „Jetzt stehst du näher dran.“ Spiel, Satz und Sieg! Irgendwie logisch. So viel zum Thema „erzieherischer Effekt“.

Manchmal führen uns unsere Kinder ganz schön vor, und das ist auch gut so. In den meisten Fällen ging ich, um meinem Sohn etwas beizubringen, weg von der Beziehung in eine Erziehung: „Du machst das jetzt!“ „Zieh das jetzt an!“ „Du räumst das jetzt weg, ansonsten…“ Mein Sohn setzte diese Forderungen zwar nach mehrmaligen Androhungen und Weinen vielleicht auch um, aber gut fühlte ich mich damit nicht wirklich, vor allem gerade dann nicht, wenn ich etwas mit einer innerlichen Aggressivität meinem Sohn gegenüber umsetzen wollte und drohende Sätze von mir gab wie: „Dann bleibst du gleich alleine im Zimmer!“

„Dann geht Mama jetzt ohne dich!“ Alles unheimlich verletzend, angsteinflößend und traumatisierend für eine zwei- oder dreijährige Seele.

Schlussendlich fühlte ich, dass das alles Armutszeugnisse waren und nichts mit „erwachsener Erziehung“ zu tun hatte. Ich schnitt uns aus Verzweiflung von der uns verbindenden Liebe ab. Jedes Mal beschlich mich dann das Gefühl: Hier stimmt etwas nicht. Da war keine Liebe mehr – und das erschien mir nicht richtig. Was passierte da also? Im täglichen Leben mit meinem Sohn offenbarte sich mir immer mehr eine starke Rigidität meiner eigenen Vorstellungen, die mir bis dato nicht so bewusst gewesen waren. Ich wollte, dass die Dinge ihren festen Ablauf hatten. Ich hatte eine fixe Idee im Kopf, wie etwas vonstattengehen und sein sollte, und alles, was davon abwich, war in meinen Augen nicht richtig und musste geändert werden. Und je mehr ich versuchte, diese Vorstellungen gegenüber meinem Sohn durchzusetzen, umso mehr stemmte er sich dagegen, und die Dinge liefen aus dem Ruder. Ich merkte eine ungeheure Wut, die in mir hochkam, jedes Mal, wenn mein Sohn nicht das machte, was oder wie ich es mir vorstellte und was am besten sofort passieren sollte. In mir brodelte es, wenn er sich nicht sofort die Windeln wechseln ließ, in mir kochte es, wenn er sich wieder einmal nicht anziehen lassen oder sich die Zähne nicht putzen wollte. Und je mehr es in mir brodelte und kochte, umso mehr stellte sich mein Sohn dagegen und warf mir ein entschiedenes „Nein“ entgegen und kochte selber vor Wut über. Die Wut in mir sprang über zu ihm und entlud sich zwischen uns beiden. Mein Sohn knallte mir dann Sätze an den Kopf wie: „Nein, so nicht!“ „Du kannst das nicht!“ „Geh weg!“ Er rannte in seiner Verzweiflung zu mir, schlug mich, weinte und warf mit Dingen um sich. Das hatte nur wieder zur Folge, dass ich mich umso ohnmächtiger fühlte und die Situation noch mehr zu kontrollieren versuchte. In mir tauchten Sätze auf wie: „Du machst, was ich dir sage!“ „So gehst du nicht mit deiner Mutter um!“ „Ich habe das Sagen!“ Und um dieser innerlichen Ohnmacht wieder Herr zu werden, erstarrte ich nur noch mehr in meiner Rigidität. Und voilà: Die Situation endete in einem Wutanfall meines Sohnes, der sich gewaschen hatte, und in schlechten Emotionen auf beiden Seiten.

Oft erinnerte mich das an den Film *„Die Wutprobe“*, in dem der friedfertige und eher ruhige Dave, gespielt von Adam Sandler, in einen Konflikt kommt, der sein ganzes Leben verändern soll. Im Flugzeug rastet er angeblich aus und wird vor Gericht gestellt. Dieses verurteilt ihn dazu, 30 Tage bei einer Therapie des Psychiaters Buddy, gespielt von Jack Nicholson, teilzunehmen. Doch dieser hat alles andere als normale Methoden, um seinen Patienten zu heilen. Fortan erlebt Dave die wahre Hölle auf Erden. Und auch mein Sohn gerät hier und da in die Rolle eines zweiten Daves. Von einer auf die andere Sekunde wird der kleine Engel zu einem wahren Bengel. Da liegt dein wohlerzogenes Kind auf dem Boden, schreit, tritt, heult, brüllt sich die Lunge aus dem Leib und schmeißt mit Sachen um sich. Eine Freundin schickte mir auf einen Wutanfall meines Sohnes eine SMS mit den Worten „Wuuusa, Isa", was so viel heißt wie „atme durch, nimm es an". Nur ein Wort, aber es hat geholfen.

Eines Tages kam mir nach einem Wutanfall meines Sohnes ein Satz in den Kopf, den ich bei einer Coaching-Ausbildung gelernt hatte: *Wenn es nicht funktioniert, mache etwas anderes.* Wie wäre es also, einmal nicht wegzugehen, sondern ruhig zu werden und meinen Sohn in solchen Momenten in den Arm zu nehmen, also nicht mehr weg von der Liebe, sondern genau in die Liebe zu gehen? Wie wäre es, anstatt das Verhalten meines Sohnes als das vermeintliche „Problem" zu sehen und mich darauf zu fokussieren, einmal anders herum bei mir hinzuschauen? Ich setzte mich hin, nahm mir die Zeit und die Ruhe und überlegte, was ich vor einem Wutanfall meines Sohnes gedacht hatte. Welche Gedanken existierten da in meinem Kopf? Warum wurde ich so emotional? Ich ging in die Meditation, in die Stille und ließ Gedanken kommen und gehen … kommen und gehen … kommen und gehen. Ich saß still, schloss meine Augen und ließ Gedanken kommen und gehen. Was ich dort entdeckte, war eine latente Gehetztheit. Da gab es eine Schallplatte in meinem Kopf, die mir jeden Tag befahl, diese und jene Dinge jetzt zu tun, sofort. „Sitz nicht so rum!" „Du musst noch aufräumen!" „Warum ist das hier so unordentlich?" „Räume das weg!" „Du könntest noch eben…!" „Du solltest noch eben…!" „Du musst das noch erledigen!" „Du musst funktionieren!" „Mach das besser alleine!" „Du kannst dich auf keinen verlassen!" „Sei nicht nah!" „Das kannst du nicht!" „Das machst du nicht richtig!" „Lass das mal besser!" „Sei still!" „Sei nicht so laut!" „Verhalte dich ruhig!" Ich war verblüfft. Wer trieb mich da aus meinem Innersten so an? Wer forderte all diese Dinge und quatschte den lieben langen Tag auf mich ein und gab mir Anweisungen, die Einfluss auf die Beziehung zu meinem Sohn hatten? Was ich da entdeckt hatte, war eine ganze Reihe von Glaubenssätzen über mich, die mein Leben schon lange begleiteten. Es gab einen inneren Kritiker und Saboteur, der einen Einfluss auf mein Verhalten und meine Emotionen hatte. Mein Sohn brachte genau diese Glaubenssätze zum Vorschein, indem er mich spiegelte und die „wunden" Punkte drückte.

So ist es, dass Kinder ihre Eltern heilen und deren Kinder wieder deren. Das geschieht nicht direkt, sondern durch die Möglichkeit des Spiegelns. Sie zeigen dir, was du in dir trägst. Also werde Beobachter deiner Gedanken – höre deinen Gedanken zu und entdecke die Geschichte, die sie dir über deine Glaubenssätze und Urteile offenbaren. Und dann wende dich hin zu deinem Kind und gehe in die Liebe, in dein Herz und sage dir oder sogar laut: „Ich sehe dich und deine Bedürfnisse. Ich liebe dich. Ich respektiere dich. Ich segne dich." Eine Übung, die man immer wieder aufs Neue machen kann und sollte, denn gerade in Konfliktsituationen sind es die tiefsitzenden Emotionen aus der eigenen Kindheit, die hochkommen.

Eltern – die Wurzel allen Übels?

Und wer ist an all den verkorksten Glaubenssätzen schuld? Na klar, unsere Eltern. Die haben uns doch gelehrt, dass wir etwas nicht können, wieder einmal etwas falsch machen. Sie waren es, die nicht da waren, wenn wir sie gebraucht hätten, und sie waren es, die uns unserer Liebesbedürftigkeit entzogen haben. Wie sollen wir also nun nur Positives an unsere eigenen Kinder weitergeben? Die Dinge sind jedoch nicht immer so einfach gelagert. Nicht nur, dass es Eltern immer nur so gut machen, wie sie eben können, und genau wie wir auch nicht perfekt waren, es gibt auch in allem Negativen immer etwas Positives. Immer, wenn man mit seinen eigenen Wurzeln und dem, was einem die Eltern vermittelt haben, hadert, dann sollte man den Blick auch auf das Gute darin richten. Was haben deine Eltern dir beigebracht, welche Potentiale und Kräfte hast du entwickeln können, durch ihre Art und ihre Einstellung? Unterm Strich kannst du deinen Eltern immer dankbar sein, denn durch sie hast du alles bekommen, was du dir für dieses Leben vorgenommen hast. Vielleicht hast du dir sogar vor deiner Geburt genau diese Eltern ausgesucht, um eben ganz spezielle Erfahrungen machen zu können – wer weiß?

Alles in der Welt und in deinem ganz persönlichen Leben ergibt einen Sinn, auch wenn du ihn nicht immer direkt erkennen magst. Alles folgt einer großen göttlichen Ordnung. Alles auf dieser Welt und in deinem Leben ist ein Puzzle und jeder Moment nur ein winziges Puzzleteil davon. Ich rufe mir immer, wenn mir etwas vermeintlich Negatives passiert oder ich schlecht über eine Sache denke und werte, nachfolgende Parabel und Sichtweise des Daoismus in Bezug auf Glück oder Unglück in den Sinn. Denn Glück oder Unglück, richtig oder falsch, was heißt das schon? Vielleicht kennst du die Geschichte ja?

Eine alte Parabel aus China
Im alten China lebte einst ein armer alter Bauer, dessen einziger Besitz ein wundervoller weißer Hengst war. Selbst der Kaiser träumte davon, dieses Pferd zu besitzen. Er bot dem Alten Säcke voller Gold und Dia-

manten, doch der Alte schüttelte beharrlich den Kopf und sagte: „Mir fehlt es an nichts. Der Schimmel dient mir seit vielen Jahren und ist mir zum Freund geworden. Und einen Freund verkauft man nicht; nicht für alles Geld der Welt.“ Und so zogen die Gesandten des Kaisers unverrichteter Dinge wieder ab. Die Dorfbewohner lachten über so viel Unvernunft. Wie konnte der Alte bloß wegen eines Pferdes so viel Reichtum und Glück ausschlagen?

Eines Morgens war das Pferd verschwunden. Die Dorfbewohner liefen aufgeregt vor dem leeren Stall zusammen, um das Unglück des alten Bauern zu beklagen. „Sag selbst, Alter, hat sich deine Treue gelohnt? Du könntest ein reicher Mann sein, wenn du nicht so eigensinnig gewesen wärst. Jetzt bist du ärmer als zuvor. Kein Pferd zum Arbeiten und kein Gold zum Leben. Ach, das Unglück hat dich schwer getroffen.“ Der alte Bauer blickte bedächtig in die Runde, nickte nachdenklich und sagte: „Was redet ihr da? Das Pferd steht nicht mehr im Stall, das ist alles, was ich sehe. Vielleicht ist es ein Unglück, vielleicht auch nicht. Wer weiß das schon so genau?“ Tuschelnd gingen die Leute auseinander. Der Alte musste durch den Schaden wirr im Kopf geworden sein. Anders ließen sich seine Worte nicht erklären.

Einige Tage später, es war ein warmer, sonniger Frühlingstag und das halbe Dorf arbeitete in den Feldern, stürmte der vermisste Schimmel laut wiehernd die Dorfstraße entlang. Die Sonne glänzte auf seinem Fell, und Mähne und Schweif flatterten wie feinste Silberfäden im Wind. Es war ein herrlicher Anblick, wie er voller Kraft und Anmut dahergaloppierte. Doch das war es nicht allein, was die Dörfler erstaunt die Augen aufreißen ließ. Noch mehr Staunen riefen die sechs wilden Stuten hervor, die hinter dem Hengst hertrabten und ihm in die offene Koppel neben dem leeren Stall folgten. „O du glücklicher, von den Göttern gesegneter Mann! Jetzt hast du sieben Pferde und bist doch noch zum reichen Mann geworden. Bald wird Nachwuchs deine Weiden füllen. Wer hätte gedacht, dass dir noch einmal so viel Glück beschieden wäre?", riefen sie, während sie dem alten Mann zu seinem unverhofften Reichtum gratulierten. Der Alte schaute gelassen in die aufgeregte Menge und erwiderte: „Ihr geht zu weit. Sagt einfach: Jetzt hat er sieben Pferde. Ob das Glück bringt oder Unglück, niemand weiß es zu sagen. Wir sehen immer nur Bruchstücke, wie will man da das Ganze beurteilen. Das Leben ist so unendlich vielfältig und überraschend." Verständnislos hörten ihm die Leute zu. Die Gelassenheit des Alten war einfach unbegreiflich. Andererseits war er schon immer etwas komisch gewesen. Na ja, sie hatten andere Sorgen.

Der alte Bauer hatte einen einzigen Sohn. In den folgenden Wochen begann er, die Wildpferde zu zähmen und einzureiten. Er war ein ungeduldiger, junger Mann, und so setzte er sich zu früh auf eine der wilden Stuten. Dabei stürzte er so unglücklich vom Pferd, dass er sich beide Beine mehrfach brach. Obwohl die Heilerin ihr Bestes tat, war allen klar, dass seine Beine nie wieder ganz gesund werden würden. Für den Rest seines Lebens würde er ein hinkender, behinderter Mann bleiben. Wieder versammelten sich die Leute vor dem Haus des Alten. „O du armer, alter Mann!", jammerten sie. „Nun entpuppt sich dein Glück als großes Unglück. Dein einziger Sohn, die Stütze deines Alters, ist nun ein hilfloser Krüppel und kann dir keine Hilfe mehr sein. Wer wird dich ernähren und die Arbeit tun, wenn du keine Kraft mehr hast? Wie hart muss dir das Schicksal erscheinen, das dir solches Unglück beschert." Wieder schaute der Alte in die Runde und antwortete: „Ihr seid vom Urteilen besessen und malt die Welt entweder schwarz oder weiß. Habt ihr noch immer nicht begriffen, dass wir nur Bruchstücke des Lebens wahrnehmen. Das Leben zeigt sich uns nur in winzigen Ausschnitten, doch ihr tut, als könntet ihr das Ganze beurteilen. Tatsache ist, mein Sohn hat beide Beine gebrochen und wird nie wieder so laufen können wie vorher. Lasst es damit genug sein. Glück oder Unglück, wer weiß das schon.“

Nicht lange danach rüstete der Kaiser zum großen Krieg gegen ein Nachbarland. Die Häscher ritten durchs Land und zogen die Väter und Söhne zu Kriegsdiensten ein. Das ganze Dorf war von Wehklagen und Trauer erfüllt, denn alle wussten, dass die meisten Männer aus diesem blutigen und aussichtslosen Krieg nicht mehr heimkehren würden. Wieder einmal liefen die Dorfbewohner vor dem Haus des alten Bauern zusammen: „Wie recht du doch hattest. Jetzt bringt dein verkrüppelter Sohn dir doch noch Glück. Zwar wird er dir keine große Hilfe mehr sein können, aber wenigstens bleibt er bei dir. Wir sehen unsere Lieben bestimmt nie wieder, wenn sie erst einmal in den Krieg gezogen sind. Dein Sohn aber wird bei dir sein und mit der Zeit vielleicht auch wieder mithelfen können. Wie konnte nur ein solches Unglück über uns kommen? Was sollen wir nur tun?“ Der Alte schaute nachdenklich in die Gesichter der verstörten Leute, dann erwiderte er: „Könnte ich euch nur helfen, weiter und tiefer zu sehen, als ihr es bisher ver-

mögt. Wie durch ein Schlüsselloch betrachtet ihr das Leben, und doch glaubt ihr, das Ganze zu sehen. Niemand von uns weiß, wie sich das große Bild zusammensetzt. Was eben noch ein großes Unglück scheint, mag sich im nächsten Moment als Glück erweisen. Andererseits erweist sich scheinbares Unglück auf längere Sicht oft als Glück, und umgekehrt gilt das gleiche. Sagt einfach: Unsere Männer ziehen in den Krieg, und dein Sohn bleibt zu Hause. Was daraus wird, weiß keiner von uns. Und jetzt geht nach Hause und teilt die Zeit miteinander, die euch bleibt.“

Es ist für den Moment immer schwer zu sagen, was dieser Positives oder Negatives in sich birgt. Letztlich gibt es kein Richtig oder Falsch, Gut oder Schlecht. Die Dinge sind wie sie sind und sollten auch so sein. So haben unsere Eltern das getan, was sie tun konnten. Sie haben ihr Bestes gegeben. Jetzt geht es vielmehr darum, für dich als Eltern herauszufinden, welche Glaubenssätze sie, aber auch andere wichtige Menschen und Situationen in deinem Leben, dir vermittelt haben. Welche Urteile über dich hast du und bestimmen dein Leben? Finde heraus, was du den ganzen Tag über denkst, welche Sätze immer wieder auftauchen. Denkst du vielleicht: Ich bin nicht liebenswert, ich bin nichts wert. Ich habe das nicht verdient. Ich muss ruhig sein. Ich darf nichts wollen. Ich muss, ich sollte… Was für Sätze lauern in dir? Finde heraus, welche Gefühle in dir als Kind erzeugt wurden. Bist du immer noch wütend, traurig oder angsterfüllt? Genau diese Gefühle, die unsere Eltern in uns erzeugt haben und die wiederum unsere Glaubenssätze über uns und die Welt bildeten, stehen dir im Weg zu deinem authentischen Selbst und der aufrichtigen Beziehung zu deinem Kind. Von Generation zu Generation wurden Gefühle innerhalb der Familie weitergegeben.

So haben meine Großeltern den Krieg hautnah miterlebt. Mein Großvater hat an der Front gekämpft, und so verpasste er die Geburt und die ersten vier Lebensjahre seines ersten Sohnes, immer mit der Ungewissheit, ob er seine Familie jemals wiedersehen würde. Ich möchte und kann mir nicht ausmalen, was er sehen und erleben musste. Meine Mutter erzählte mir jüngst, dass er auch angeschossen wurde. Und auch seine Frau, meine Oma, musste jeden Tag mit der Angst leben, dass er nicht wieder zurückkommt. Sie musste sich tagein tagaus darum kümmern, dass Essen auf den Tisch kommt und alle etwas zum Anziehen und ein Dach über dem Kopf haben. Über Gefühle und Ängste sprach man wenig, diese hatten zu Kriegszeiten keinen

Raum. Als mein Großvater zurückkehrte entwickelte er sich einige Jahre später zu einem stillen Trinker. Mit still meine ich, dass es jeder wusste, aber alle es als gegeben hinnahmen. Er wurde ja auch nie ausfallend, aggressiv oder dergleichen und ging seinen Verpflichtungen nach und war unterhaltsam und immer ein lieber Geselle. Meine Oma habe ich immer als depressiv und des Lebens überdrüssig erlebt. Über ihr lag eine Schwere und Unlust gegenüber dem Leben. Sie wollte im Alter nur noch ihre Ruhe haben und sprach davon, dass man sich am besten einen Strick nehmen sollte.

Die Eltern väterlicherseits indes mussten während des Krieges im ehemaligen Jugoslawien mit Kindern und Bollerwagen von Serbien aus nach Deutschland fliehen. Sie haben Kilometer um Kilometer zurückgelegt, ohne zu wissen, ob sie es schaffen würden und wie es weitergehen sollte. Auch sie hatte der Krieg gezwungen, von einem auf den anderen Tag all ihr Hab und Gut zurückzulassen und ganz neu zu starten, wenngleich sie als Deutsche, die in Serbien lebten und dann wieder nach Deutschland zurückkamen, nicht mit Sprach- oder Kulturproblemen kämpfen mussten. Ich kann und möchte mir hier wieder nicht vorstellen, wie es ist, sich mit drei noch kleinen Kindern auf diesen beschwerlichen Weg zu machen. In Deutschland fassten sie erneut Fuß, meine Oma musste sich aber auch schon früh alleine weiter durchschlagen, da mein Opa mit gerade einmal Ende 49 an Krebs verstarb. Meine Oma war zu diesem Zeitpunkt 41 und vierfache Mutter. Mein Opa hatte ihr nichts zurückgelassen, keine Lebensversicherung, Rente oder dergleichen. Sie musste also alleine weitermachen und durchhalten. Auch sie war im Alter depressiv und lebte eher bescheiden, für sich und zurückgezogen. Nie hatte sie wieder mit einem Mann zusammengelebt. Sie hatte sich dem Thema Liebe verwehrt. Pflichtbewusstsein und Arbeit waren die Dinge, die ihr Leben kennzeichneten. Ganz abgesehen davon, dass sie in ihrem Leben niemals die wahre männliche Liebe erfahren hatte, da sie mit 15 Jahren mehr oder weniger mit meinem Opa verheiratet wurde. Soweit ich das verstanden habe, waren ihre Eltern froh gewesen, dass sie jemanden für ihre Tochter gefunden hatten, die mit den roten Haaren in Serbien viel gehänselt wurde. Schnell wurde meine Oma schwanger. Nach einer Fehlgeburt, vier geglückten Geburten und gesunden Kindern trieb sie sich selber ein weiteres Kind mit Hilfe von Stecknadeln ab. Ihr ganzes Leben war geprägt von harter Arbeit und einer gewalttätigen Ehe.

Auf diesem Nährboden wurden meine Eltern erzogen und haben davon ausgehend einen Quantensprung in Sachen Erziehung und Entwicklung durchgemacht. Sie haben so vieles besser und anders bei meiner Schwester und mir gemacht. Grundängste, Grundgefühle und Grundsätze, die bei uns innerhalb der Familie lagern, fühle ich indes immer noch. Ich fühle die Wut, die Aggressivität, die Angst, alles zu verlieren, ich bin ständig besorgt, ob mein Sohn genug zu essen hat. Ständig frage ich ihn, ob er etwas essen oder trinken möchte. Und ich habe immer das Gefühl: Das musst du alleine machen. Was sich nicht besser ausdrücken kann, als in meiner Rolle als alleinerziehende Mutter. Die genannten und viele andere Glaubenssätze gilt es herauszufinden, ebenso wie Erziehungsspielchen, die wir von zu Hause mitgebracht haben.

Doch wie machst du das? Ganz einfach: indem du still wirst, immer wieder. Setze dich hin und meditiere, auch wenn es anfangs nur fünf Minuten am Tag sind. Vielleicht schaffst du es auch nur ein oder zwei Mal die Woche, vielleicht hast du am Anfang auch das Gefühl, dass du das Stillsitzen und Stillhalten nicht aushältst. Als ich mir das erste Mal vorgenommen hatte, an einem Wochenende so lange wie möglich in die Stille zu gehen, überkam mich schiere Panik. Mein Verstand gab mir vor, was ich doch noch alles tun sollte, ich rannte wie ein eingesperrter Tiger in der Wohnung umher und musste letztendlich weinen. Ich hätte nie im Leben gedacht, dass ich das so wenig konnte und mich so sehr ablenken musste. Mir wurde klar, dass ich nicht gut mit mir alleine sein konnte. Dabei sollte dies doch etwas ganz Einfaches sein. Heute genieße ich die Auszeiten für mich und merke, wie das in die Ruhe-Kommen und das Gedanken-Vorbeiziehen-Lassen mir unendlich guttun, mich beruhigen, mich zentrieren und mir zeigen, dass ich nicht mein Verstand, nicht mein Ego bin. Ich durfte meinen Gedanken, die ich da so täglich hatte, Beachtung schenken und lernen, was mich jeden Tag umtrieb.

Ich darf keine Fehler machen. Ich muss perfekt sein. Ich muss aushalten. Das Leben ist Leiden. Ich muss mich anpassen. Ich muss still sein. Ich bin nicht ausreichend. Ich bin es nicht wert. Ich schaffe das nicht. Ich muss immer beschäftigt sein. Ich darf nicht ich selbst sein. Ich darf nicht nah sein. Ich darf nicht lieben. Dies waren einige meiner täglich latent ablaufenden Glaubenssätze über die Welt und mein Leben. Und jeder hat diese Gedanken und Glaubenssätze, auch du, sie erschaffen auch deine Welt da draußen. Sie ziehen bestimmte

Menschen und Ereignisse in dein Leben. Erkennst und entlarvst du sie, wird dir bewusst, warum einiges in deinem Leben so ist, wie es eben ist. Ein sehr guter Indikator für diese Sätze ist dein Kind. E wird dir diese Sätze spiegeln, deine Knöpfe drücken oder direkt an den Kopf knallen. – Für mich war es also an der Zeit, diese Schallplatte, die schon von Generation zu Generation weitergereicht worden war, loszuwerden. Und die beste Antwort darauf liefert die Liebe. Also, nehme jetzt deine Eltern in den Arm und danke ihnen!

Eine ganz spezielle Verbindung

Erst die Tage kam mein dreijähriger Sohn auf mich zugerannt, nahm mein Gesicht in seine kleinen Hände und sagte: „Weißt du eigentlich, wie lieb ich dich habe?" Welches Mutterherz schmilzt da nicht hin? Oder eines Abends lagen wir noch auf dem Sofa und ich fragte ihn, einen verdächtigen Gestank vernehmend: „Sag mal, hast du etwa gepupst?" Da schaute er mich mit seinen großen Augen an und entgegnete: „Nein, du etwa?" Daraufhin mussten wir beide aus tiefster Seele lachen. Zu meinem Kind habe ich eine ganz spezielle Verbindung, ein unsichtbares Band, das uns zusammenhält. Und auch mein Sohn scheint diese Verbundenheit zu spüren. Wird er müde oder geht es ihm nicht gut, sinkt auch meine Laune in den Keller oder ich verspüre das starke Bedürfnis, mich ein Stündchen ins Bett zu legen. Genauso verhält es sich auch anders herum: Bin ich nicht in meiner Mitte, zeigt er ein ähnliches Verhalten. Bin ich beispielsweise abwertend, sauer oder wütend, kann es vorkommen, dass er ausholt und mich sogar hauen möchte. Bin ich besorgt oder geht es mir nicht gut, möchte er mich nicht alleine lassen. So beschäftigten mich eines Morgens verschiedene Dinge, und ich fuhr meinen Sohn mit einer Traurigkeit in die Kita. Ich fühlte mich aus bestimmten Gründen alleingelassen und nicht geliebt. Später erzählte mir die Erzieherin, dass er, kaum war ich aus der Tür, zu ihr sagte: „Ich muss jetzt wieder nach Hause, ich muss meine Jacke anziehen und nach Hause zu meiner Mama." Festentschlossen trabte er zu seinem Spint und wollte mit seinen gerade einmal zwei Jahren Reißaus nehmen. Und er weinte bitterlich.

Ich kann nicht sagen, ob diese Bindung von Mutter und Kind enger oder anders ist als bei Vater und Kind, das wird von Fall zu Fall unterschiedlich sein. Unsere Bindung ist auf jeden Fall eine der stärksten, die ich bislang in meinem Leben erlebt habe. Manchmal war es fast schon unheimlich, wie mein Sohn meine Gedanken lesen konnte. Hatte ich im Kopf, dass ich bei einem Brunch gleich für alle bezahlen und sie einladen würde, sagte mein Sohn kurz vorher laut: „Mama bezahlt gleich." Auch sobald ich meine Augen morgens aufschlug, brauchte ich mich noch nicht einmal bewegen, da wachte auch mein Sohn auf und hatte es wieder einmal irgendwie spitzgekriegt, dass ich wach war. Ab und an sagte er auch: „Was hast du gesagt?“, obwohl ich in dem Moment nur etwas gedacht hatte.

Unsere Kinder haben einfach ganz besondere Antennen, was uns Eltern anbelangt. Sie spüren sofort, was wir wollen, wie es uns geht, was wir denken und fühlen. Auch wenn sie dieses nicht immer zeigen, so haben sie doch dieses Wissen. Das sollten Eltern nicht unterschätzen. Da ein Baby die Worte seiner Eltern zu Beginn seines Lebens nicht versteht, sind andere Sinne aktiv, um sich ausdrücken und um seine Umgebung begreifen zu können. Es lernt vor allem durch die nonverbalen Informationen, die seine Eltern aussenden. Hans Markowitsch, Professor für Physiologische Psychologie in Bielefeld, schätzt, dass 95 Prozent der Prozesse im Gehirn unbewusst ablaufen. Erwachsene senden also unglaublich viele Informationen aus, deren sie sich gar nicht bewusst sind und deren Botschaften sie vielleicht selbst gar nicht verstehen. Wenn Eltern nun Erziehungsmethoden anwenden, mit denen sie sich innerlich nicht im Einklang fühlen, wirkt dies verunsichernd auf das Kind. Es spürt, dass das nonverbale und das verbale Signal nicht zusammenpassen. Kinder sind die Seismographen der Familie und besonders sensibel für die Gefühlslage der Eltern. Sie merken sofort, wenn die Eltern versuchen, ein Gefühl zu überspielen oder sich nicht kongruent zu ihren Worten verhalten.

Diese ganz spezielle energetische Verbindung fungiert ein bisschen wie ein Frühwarnsystem, das wahrscheinlich besonders zwischen Mutter und Kind existiert. Die Mutter „fühlt" ihr Kind und weiß intuitiv, was es braucht. Das Kind empfängt über diese Verbindung Liebe und Aufmerksamkeit. Diese Verbindungen sind bei Mutter und Kind von Natur aus vorhanden und haben Bestand, solange das Kind noch abhängig ist. Bei Naturvölkern gibt es Rituale, die diese Verbindung bis zum Erwachsenwerden trennen, damit keine Abhängigkeiten oder Manipulationen bleiben beziehungsweise später entstehen. In unserer westlichen Kultur wird dieses „Trennen" indes oft „vergessen", und es entstehen nicht immer gesunde Verstrickungen und Verbindungen zwischen Eltern und Kind.

Wir alle sind Systeme. Eine Familie bildet ein System, zu dem alle seine Mitglieder gehören und wie bei einem Mobile miteinander verbunden sind. Geht es einem Teil nicht gut, spüren alle anderen Teile des Systems dies sofort und versuchen, das Gefälle oder den Missstand auszugleichen. So kann es vorkommen, dass Kinder für uns Dinge erledigen möchten. Oder sie werden auffällig, um von der Ehekrise abzulenken, oder krank, um auf einen inneren Konflikt in der Familie hinzuweisen.

So habe ich auch schon des Öfteren erlebt, dass mein Sohn die Dinge für mich erledigt. Ich weiß nicht, wie er es macht, aber er hat ein Gespür für den richtigen Augenblick. Er weiß einfach genau, wann der passende Moment für eine bestimmte Sache ist. Während ich schon längst in meiner konkreten Idee, wie etwas zu sein hat, gefangen bin, zögert er etwas hinaus, und im Nachhinein stellt sich diese Taktik als genau richtig heraus. Einmal gab es auch den Fall, dass ich nicht zu einer Veranstaltung fahren wollte. Schon Tage vorher beschäftigte ich mich damit und mit meinem Unmut, dorthin fahren zu müssen. Immer wieder ging ich im Kopf durch, wie es sein würde und dass mir das alles im Grunde nicht passte. Mit meinem Sohn indes sprach ich nicht darüber, sondern tat so, als würde es mich eben nicht beschäftigen. Bald hegte ich den kleinen Gedanken, dass ich einen guten Grund bräuchte, um nicht fahren zu können. Es kam der Tag der Tage, und mein Sohn wachte mit hohem Fieber auf und übergab sich mehrfach. Ich musste also notgedrungen absagen. Ereignisse dieser Art geschahen des Öfteren. Es mussten auch nicht immer Krankheiten sein. Manchmal fing mein Sohn auch nur an, sich auffällig zu benehmen. Er wurde ungemütlich und laut, fing aus unerfindlichem Grund an zu weinen. Er tobte und schmiss Sachen vom Tisch. Und wieder einmal erledigte er das, was ich nicht ausführte, nämlich endlich den ungeladenen Gast vor die Tür zu setzen oder einen Besuch zu beenden und ein Gespräch zu verlassen, um endlich nach Hause zu fahren. Mein Sohn war und ist in dieser Hinsicht ehrlicher als ich.

Man unterschätze also niemals, was unsere Kinder alles für einen tun, und schaue hin, was da eigentlich wirklich gerade passiert, auch wenn es nicht immer auf den ersten Blick ersichtlich ist und man in erster Linie wahrscheinlich nur das Verhalten des Kindes sieht und den Fokus somit auf das „Problemverhalten" des Kindes anstatt auf sich selbst richtet. Es ist wie mit der Seele, der inneren Stimme, die uns immer wieder auf etwas aufmerksam machen und uns helfen möchte, auf unserem persönlichen Weg voranzuschreiten. Hören wir sie nicht und legen keine Kehrtwende in die richtige Richtung ein, wird sie lauter und lauter und lauter – bis hin zu Krankheiten oder Missgeschicken im Außen. Genauso weisen uns unsere Kinder auf etwas hin. Es lohnt sich also hinzuschauen. Und umso mehr wir Erwachsenen an uns arbeiten, unser wahres Ich leben und endlich wieder authentisch werden, umso mehr gehen wir in eine wundervolle Beziehung zu unserem Kind.

Kinder – die Spiegel unseres Selbst

Vor einiger Zeit hatte ich ein Faible für Papageien entwickelt. Immer mehr Bilder von Papageien hingen an unseren Wänden und auch ein Stoffpapagei baumelte am Bett meines Sohnes. Ungefähr zum selben Zeitpunkt, als sich die bunten Vögel in unserer Wohnung vermehrten, nahmen auch das Kopieren, Nachplappern und Spiegeln bei meinem kleinen Sohn zu. Nicht nur, dass er wie ein Papagei meine meist gesagten Worte wiederholte, auch mein Verhalten kopierte er. Was auch sonst sollen unsere Kinder tun, als uns zu spiegeln und zu kopieren? Sie zeigen uns unverblümt, was und wie wir etwas den ganzen lieben Tag sagen, wie wir uns verhalten und noch viel mehr: welche versteckten Glaubenssätze in uns stecken. Wie ein Zauberer das weiße Kaninchen aus dem Hut holt, ziehen sie in uns verborgene Dinge zutage, von denen wir glaubten, sie existieren gar nicht, und spiegeln unser tiefstes Inneres wider.

Mein Sohn legte beispielsweise ein extrem aktives Verhalten an den Tag, nie saß er still. Ich war vollkommen entnervt von dem ständigen Gezappel und ermahnte ihn immer wieder, doch bitte beim Essen sitzen zu bleiben und nicht immer alles parallel zu machen. Bis es mir eines Tages – mit der Zahnbürste im Mund am Computer sitzend – wie Schuppen von den Augen fiel: Ich tat es selber in keiner Weise anders. Ich lief Zähne putzend durch die Wohnung und stand, kaum vom Brot abgebissen, auch schon wieder auf, um noch schnell etwas Anderes nebenbei zu erledigen. Ich warf ihm also genau das Verhalten vor, das ich selber an den Tag legte. Ich war es also, die lernen musste, auch mal in die Ruhe zu kommen, heraus aus dem Macher-Modus, um das vorzuleben, was wesentlich ist. Auch war meine häufige Antwort auf seine Frage, ob wir spielen könnten: „Jetzt nicht, gleich!" Die Retourkutsche bekam ich, wenn ich etwas von ihm wollte: „Mama, jetzt nicht anziehen, gleich!"

Unsere Kinder spiegeln ganz einfach das Verhalten, das sie bei uns sehen. So wie wir selbst mit anderen Menschen interagieren, so werden auch sie mit uns und anderen umgehen. Egal, was wir Eltern versuchen, unseren Kindern auf der verbalen Ebene zu vermitteln, wir können ihnen nichts vormachen. Wollen wir unserem Kind wirklich etwas Gutes tun, dann befassen wir uns vor allem mit unseren eigenen Verhaltensweisen und Beziehungen. Denn kriselt es zwischen uns Eltern, übernimmt das Kind die Spannungen, auch wenn es den Streit nie mitbekommt. Weiterhin können wir nur lehren, was wir auch selbst tun. Einem Kind zu erzählen, Schokolade sei ungesund, man selber dürfe es aber essen, wirft nicht nur Fragen auf, sondern macht uns Eltern unglaubwürdig. Warum sollte dein Kind also deinen Worten noch Glauben schenken? Ebenso verhält es sich mit unausgesprochenen Gefühlen. Kinder spüren Unstimmigkeiten, Wut und Trauer, ebenso wie alle positiven Gefühle. Verschweigen wir unsere Konflikte oder tun gar selbst so, als gäbe es sie gar nicht, lernen unsere Kinder zum einen, dass sie ihrer Wahrnehmung nicht trauen können, denn es soll ja alles in Ordnung sein, und zum anderen, dass man über Konflikte nicht spricht. Wenn wir also nun Verhaltensweisen an unserem Kind entdecken, die uns stören oder eigenartig vorkommen, sollten wir zuerst selbst prüfen, welchen Beitrag wir dazu täglich leisten.

Unsere Kinder weisen uns, indem sie uns spiegeln, nur indirekt darauf hin, woran wir selbst noch arbeiten sollten. So verhält es sich, dass wir sehr leicht Schwächen und Fehler bei ihnen entdecken und vor unseren eigenen jedoch gerne die Augen verschließen. Dabei sind es genau die Momente, wenn uns etwas besonders emotional berührt oder aufregt, die uns zeigen, an welchen Punkten es für uns noch etwas zu arbeiten gibt. Ein Verhalten, dem du neutral gegenüberstehst, zeigt dir indes, dass dieses wahrscheinlich nichts mit dir zu tun hat, es gibt nichts zu lösen oder zu heilen und muss somit nicht mehr bearbeitet werden. Bei einem Verhalten deines Kindes jedoch, bei dem du an die Decke gehen könntest, wird es dir zu einer hohen Wahrscheinlichkeit etwas zeigen, dass dich einst selbst verletzt hat, dich gewisse Gefühle hat abspalten und deine wahre, deine authentische Person ein Stück weit hat aufgeben lassen. Denn wenn deine Bedürfnisse damals als Kind nicht beachtet wurden, hast du dich im Zuge dessen von deinen eigenen Gefühlen abgeschnitten, und genau diese gilt es nun wieder zurückzuholen. „Ich bin schlecht. Weil ich andauernd etwas falsch mache, müssen meine Eltern mich bestrafen." In dem Moment, wenn dich etwas aufregt und stark bewegt, wirst du lediglich daran erinnert, dass es diesbezüglich Persönlichkeitsanteile und Emotionen gibt, die wieder in deine Person integriert und angenommen werden wollen. Nur so werden wir wieder eins und authentisch, einfach echt und heil. Deshalb reagieren wir Eltern auch so unterschiedlich auf bestimmte Verhaltensweisen unserer Kinder.

Kinder spiegeln grundsätzlich auf irgendeine Art und Weise ihre Eltern. Es gilt, zunächst zu überlegen, was das Verhalten mit dir zu tun haben könnte, bevor du losschimpfst. Immer wenn mein Sohn beispielsweise nicht hören wollte, spiegelte er mir damit unter anderem, dass ich selbst zu wenig oder gar keine Grenzen setzte oder mich selbst nicht richtig ernst nahm. Oder er spiegelte mir mit diesem Verhalten symbolisch, dass ich nicht auf meine innere Stimme, Bedürfnisse oder Impulse hörte. Beim Gesetz der Spiegelung zählt zunächst einfach nur die Information, die du dadurch über dich selbst erhältst. Reagierst du und wirst getriggert, dann hast du mit ähnlichen Problemen zu kämpfen. In mir zog es sich auch jedes Mal zusammen, wenn mein Sohn vorlaut war oder wütend wurde oder seinen Gefühlen lauthals Ausdruck verschaffte. Es störte mich, und ein innerer Widerstand tat sich auf. Hier handelte es sich auch um ungelebte Gefühle und Eigenschaften, um alte Schatten meiner selbst. Mir selbst war es als Kind wenig erlaubt gewesen, Dinge einzufordern. Ich sollte bestmöglich still sein und wurde angehalten, nicht zu sagen, was ich dachte, sondern mich anzupassen. Hinter all dem steckte also mein eigenes Thema, Bedürfnisse ausdrücken und Gefühle öffentlich zeigen zu dürfen und mich selbst als Person mit allen Emotionen zu zeigen. Mein Gefühl von Wut wollte beispielsweise ebenso gelebt und nicht mehr hinuntergeschluckt oder kontrolliert werden. Wut ist ein Grundgefühl, das uns dabei hilft, unsere Energien zu mobilisieren. Es würde mir also guttun, das Gefühl der Wut endlich wahrzunehmen und zu fühlen und es bestenfalls konstruktiv für mich umzusetzen und es vielleicht in Mut zu transformieren. Auch das ständige Chaos zu Hause, die Unordnung, war einer meiner täglichen großen Aufreger. Sie zeigten mir, dass es auch noch Komponenten in mir gab, die vielleicht chaotisch waren. Es gab Chaos in meinem Leben, das ich nicht sehen wollte.

Wichtig ist, dass du jegliches Gefühl, das in einem Aufreger-Moment in dir hochkommt, wahrnimmst und fühlst. Drücke es nicht weg, verurteile es nicht. Gehe in das Gefühl und frage dich, woran es dich erinnert? Hier liegt der Konflikt begründet, der von dir gelöst werden möchte. Sobald dir diese Dynamik bewusst ist, ärgert sie dich auch nicht mehr so sehr. Du verstehst die Hintergründe, und genau das verändert schon die Situation – und macht dich stark, ganz und handlungsfähig. Du musst wissen, dass die Welt da draußen die Realität in dir reflektiert. Die Menschen, auf die du am meisten reagierst, ob mit Liebe oder Hass, sind Projektionen deiner inneren Welt. Was du am meisten hasst, ist das, was du am meisten in dir ablehnst. Was du am meisten liebst, ist das, was du dir am meisten für dich selbst wünschst. Benutze den Spiegel der Beziehungen, um dich selbst in deiner Entwicklung zu führen. Das Ergebnis ist totale Selbsterkenntnis. Wenn du diese erreicht hast, wird das, was du am meisten möchtest, da sein, und das, was du nicht magst, wird verschwinden. Durch unsere nahen Beziehungen – wie die zu unseren Kindern – können wir so viel über uns selbst erfahren und lernen. Also sei jedem „Arschengel-Aufreger-Moment", der deine Knöpfe drückt, so was von dankbar!

Jemandes Knöpfe drücken

Frauen wird nachgesagt, dass sie multitaskingfähig sind, was schlichtweg heißen soll, dass wir parallel mehrere Dinge gleichzeitig erledigen können. Eine Optimierung der Auslastung oder auch Prozessoptimierung über verschiedene Kanäle nennt sich das in der Computersprache. Nichts anderes ist das Aufziehen von Kindern. Ein Beispiel von unzähligen Situationen am Tag: Ich stehe mit meinem Sohn am Bankautomaten, um eine Überweisung zu tätigen. „Aber Mama, ich möchte den Knopf drücken!", zetert er neben mir. Hier sei erwähnt, dass ich meinen Sohn immer den grünen Bestätigungsknopf drücken lasse, um den Überweisungs- oder Auszahlungsvorgang zu beenden. „Ja, darfst du", entgegne ich ihm, „aber erst, wenn ich es dir sage". Ich tippe also die ersten Zahlen einer IBAN-Überweisung ein: 3100. „Aber Mama, ich will den

Knopf drücken!" „Ja, darfst du auch, wenn ich fertig bin." 310045. „Mama, ich will den Knopf drücken!" „Mama muss sich gerade ganz dringend konzentrieren, ich sage dir Bescheid, wenn du den Knopf drücken darfst!" 31004536. „Mama, darf ich den Knopf drücken?" „Nein! Ich muss hier erst ganz viele Zahlen eingeben. Ich sage dir Bescheid, wenn du drücken darfst!" 3100453689. „Mama, darf ich jetzt den Knopf drücken?" „Am besten drückst du mal deinen Aus-Knopf!", entfährt es mir. „Aber Mama, was ist das denn für ein komischer Plan?", guckt er mich mit großen Augen an. „Das wäre auf jeden Fall prozessoptimierend!"

Mein Kind drückt täglich „meine Knöpfe" und bringt mich an meine Grenzen, und das im positiven und oft humorvollen Sinne. Viele Momente haben schon etwas von Loriot, wenn mal wieder alles nicht klappen will und jede Menge Situationskomik zutage kommt. Wie ich es bereits schon erwähnt habe, schrie mein Sohn gerne und wurde laut, wenn etwas für ihn nicht in Ordnung war. Und wenn der stete Tropfen täglich den Stein höhlt, wie man so schön sagt, dann zeigt sich auch schon mal der Tiger in dir. Es gab so einige Male, da musste ich aus dem Zimmer gehen, ansonsten hätte ich mich vergessen. Und da war ich wieder bei

der Erkenntnis, dass ich ein Kontrollfreak war. Ich hatte eine konkrete Idee, wie mein Tag ablaufen sollte, ich wollte die volle Kontrolle und eine feste Struktur. Und am besten sollte alles nach meiner Nase laufen. Bei jeder Abweichung begann es in mir zu brodeln. Wenn ich wollte, dass mein Sohn die Windel anzog, dann wollte ich das und genau in diesem Moment. Und ich blieb dran, das auch umzusetzen. Da es sich bei meinem Sohn aber nun um einen Spiegel meiner selbst handelt, warf er mir dieses kurzerhand zurück und versuchte ebenfalls mit einer großen Ausdauer, seine Belange durchzusetzen.

Am besten für beide Seiten lief es im Grunde genommen, wenn ich klar meine Grenzen formulierte und gleichzeitig flexibel im Handeln blieb. Denn gesunde Grenzen setzen gehörte zu einer meiner Lernlektion mit meinem Sohn. In meinem Leben hatte ich kaum gelernt, meine Grenzen zu kommunizieren und klar durchzusetzen. „Klar, können wir machen!" „Wenn du das möchtest." Oder: „Was willst du denn?" Ich lebte das Leben der anderen, wollte nicht anecken, eben geliebt werden. In mir war die Vorstellung, dass ich immer lieb und nett, angepasst sein musste, um geliebt zu werden. Ergo: Ich hielt mich für wenig liebenswert. Und so forderte mein Sohn ein! „ICH WILL DAS NICHT!" hörte ich mich irgendwann sagen und teilte ihm konkret mit, was ich wollte und was in mir vor sich ging. Parallel fing ich auch beruflich und privat Schritt für Schritt an, immer mehr in mich reinzuhören. Was tut mir gut? Wer tut mir gut? Was möchte ich? Was sind meine wahren Bedürfnisse? Vielleicht war ich ja gar nicht der wahre Kontrollfreak, sondern nur einer, der sich dahingehend entwickelt hatte? Vielleicht entsprach es gar nicht meiner ursprünglichen Natur, sondern es war nur ein angelerntes Verhalten aufgrund widriger Umstände? In jedem von uns arbeiten Glaubenssätze, Vorstellungen darüber, wie unser Leben zu sein hat, was wir „verdient" haben, was uns zusteht und wie wir zu sein haben. Bewusst sind uns diese in den meisten Fällen nicht.

Das Gefühl, Mutter zu sein, ist schwer zu umschreiben. Es ist eine Mischung aus tiefster Liebe, Sorgen, Wünschen, Ängsten, Freuden, Glück und des Öfteren eben auch eines schlechten Gewissens, manchmal eben nicht da zu sein. Ich hatte den Anspruch, für meinen Sohn immer und zu jedem Zeitpunkt da zu sein, und ich merkte in vielen Situationen, dass ich dieses nicht leisten konnte. Diese an mich und an die Situation gestellten Ansprüche verursachten in mir oft ein schlechtes Gefühl und auch Ablehnung: meinem Sohn gegenüber und mir selbst. Ich merkte, dass ich schlecht jemanden an mich ranlassen konnte, dass die ständige Verfügbarkeit Unwillen in mir heraufbeschwor, und so wenig, wie sich meine Eltern auf mich damals hatten einlassen können, konnte ich dies auch bei meinem Sohn. Ich schnitt mich emotional oft ab, schaute aufs Handy, wollte nicht mit ihm spielen, räumte auf und schaute auf den Fernseher. Er forderte viel Aufmerksamkeit, und je mehr ich mich an manchen Tagen in mein inneres Schneckenhaus zurückzog, umso mehr folgte er mir und hängte sich an mich dran. „Ich will gesehen werden!“ „Ich will geliebt werden!“ „Ich will wahrgenommen werden!“, schrie er mir indirekt entgegen. Und genau das wollte auch ich. Ich hatte mich nur schon lange aufgegeben und suchte Anerkennung über falsche Kanäle im Außen.

Ich hatte für mich entschieden, dass mein eigenes, wahres Ich nicht liebenswert genug sein kann. Ich hatte gelernt, dass nur die Meinungen und das Wohlbefinden anderer zählten. Dies wurde mir schmerzlich durch meinen Sohn bewusst. Ich hatte das Lieben und die Liebe in ihrer Wahrhaftigkeit aufgegeben, und auf einmal war da ein kleiner Mensch, der pure Liebe brauchte – und zwar die meinige. Unterm Strich offenbarten sich somit im täglichen Leben mit meinem Sohn folgende mir innewohnende Glaubenssätze: „Du darfst nicht nah sein.“ „Lass dich nicht ein.“ „Andere haben Priorität.“ „Ich muss immer für jemanden da sein.“ „Du musst stark sein.“ „Du musst Leistung bringen.“ „Du darfst nicht sein.“ So widersprüchlich diese Sprüche irgendwo auch sind, genauso verhielt ich mich im Leben. Ich holte jemanden ran, war für jemanden da, und stieß genau diesen jemanden auch wieder zurück, suchte das Weite, denn ich durfte ja nicht nah sein und mich einlassen. Genau in der Phase, als diese Sätze mir bewusster wurden, zeigte auch mein Sohn ein extrem widersprüchliches Verhalten. Kaum sagte er, er wolle Joghurt essen, entschied er sich danach auch schon wieder für Kuchen, und er wiederholte immer wieder die Sätze: „Mama, geh weg", und kaum, dass ich weg-ging, schrie er „Mama, komm!" Er holte mich ran und stieß mich wieder weg. Sobald ich aber in mir ruhte, mit mir und meiner Umwelt im Frieden und voll in der Mutterkraft war, erlebten mein Sohn und ich auch die schönsten Momente. Alles floss, und auch er war guter Dinge.

Oft ist es so, dass eben genau das, was wir anderen vorwerfen oder verurteilen, genau das ist, was wir selber tun oder ein Teil in uns ist, den wir selbst verurteilen und nicht zulassen wollen. Das sind die Seelenanteile und Emotionen, die wir als Kinder vergraben und abspalten mussten. Es wird also Zeit, diese wieder zurückzuholen. Dein Kind hilft dir dabei, und zwar nicht, indem es das tut, was du sagst und möchtest, sondern ganz im Gegenteil. Zu einem hohen Prozentsatz tut dein Kind grundsätzlich nicht, was du sagst, sondern das, was du tust. Aus diesem und sonst keinem Grund heißt es auch Vor-Bild. Mein Sohn demonstrierte mir täglich, dass die simple Aufforderung, etwas zu tun, bei ihm auf taube Ohren stieß. Ich hätte auch mit einer Wand reden können.

Ich hatte von einem Indianerstamm gelesen, in dem die Kinder und Jugendlichen keine Wutanfälle oder dergleichen zeigten. Die Antwort schien genau in dieser Vorbildfunktion zu liegen, denn die Eltern nahmen ihre Kinder überall mit hin und gaben ihnen nicht vor, was sie tun sollten, sie beschäftigten sich noch nicht einmal viel mit ihnen, sondern sie lebten ihnen ganz einfach ihre Werte und Lebensmuster vor. Das ist das Geschenk, das wir unseren Kindern machen können – gute und authentische Vor-Bilder zu sein. Im Gegenzug werden auch wir reichlich beschenkt.

Das Geschenk der Emotion

Kinder leben noch in einer Welt ohne Konventionen. Wenn sie traurig sind, dann weinen sie auf offener Straße. Wenn sie sich freuen, dann fallen sie einem mit Anlauf in den Arm. Sätze wie „Das ist mir peinlich" oder „Was die anderen wohl davon halten" liegen ihnen fern. Was sie haben, ist eine ehrliche Art, die Welt zu sehen und zu leben. Sie tun ganz einfach das, wonach ihnen der Sinn steht. Gerne lasse ich mich ab und an von meinem Sohn in seine noch unkonventionelle Welt entführen. Also laufe ich barfuß mit ihm durch die Stadt, springe mit ihm von Brunnenrändern, halte meine Füße in die kalte Lippe, fahre mit ihm dieselbe Rolltreppe immer wieder rauf und runter, spiele Verstecken in den Umkleidekabinen oder aber ich mache mit ihm den Sommer zum Winter. So geschah es erst wieder eines Abends beim Zubettgehen. Für meinen

Sohn ist es wichtig, vor dem Schlafengehen ein Buch zu lesen oder aber Lieder zu singen. Dass diese an bestimmte Jahreszeiten gebunden sind, interessiert ihn weniger. So holte er bei abendlichen Temperaturen noch um die 30 Grad das Weihnachtsbuch aus dem Regal, und wir schmetterten mit Schweißperlen auf der Stirn „O Tannenbaum“ und „Oh du fröhliche“ in die heiße Nacht. Seitdem weiß ich, auch im Juli weihnachtet es sehr.

Kinder leben so wunderbar die ganze Palette der Emotionen. Wenn mein Sohn wütend ist, dann ist er wütend. Wenn er sich freut, dann aber richtig, und wenn er wiederum traurig ist, weint er aus bitterster Seele dickste Krokodiltränen. Er hält mit seinem Innenleben nicht hinterm Berg, alles muss raus und will gelebt werden, ohne Scham, ohne Angst davor, sich mit der ganzen Verletzlichkeit und all der Liebe zu zeigen. Ich beneide ihn darum, und es zeigt mir, wie viel an Emotionen wir Erwachsenen doch zu verbergen und zu verdrängen wissen. Denn wann haben wir Großen das letzte Mal so richtig gefühlt? Jeder wird sagen, das mache ich doch den ganzen Tag! Aber wie echt und gelebt sind diese Gefühle? Vor allem, wie viel Raum gibt man seiner Traurigkeit wirklich? Tränen am Arbeitsplatz? Die zeigt man nicht. Oder richtige Freude? Wann ist man das letzte Mal vor Freude so richtig ausgerastet, ist gehüpft, hat geschrien und lauthals gelacht oder ist durch den Regen getanzt? Wie sehr begrüßen wir die Angst, wenn sie sich auf einmal klammheimlich anschleicht und sich über uns legt? Mag sein, dass es sich bei anderen Erwachsenen anders verhält, aber ich halte mich in dieser Richtung sehr zurück, bin kontrolliert und verleihe meinen Emotionen nach außen nur sehr wenig Ausdruck.

„Das macht man nicht." „Sei still." „Guck, die anderen Leute schauen schon." „Was sollen denn die anderen denken?" „Ein Indianer kennt keinen Schmerz." „Jetzt reiß dich zusammen!" Die Liste der Sätze, die man als Kind gehört hat, ist lang, und ich ertappte mich dabei, wie ich meinem Sohn den einen oder anderen altbekannten Satz auch schon an den Kopf warf. Vor allem wenn er jammerte oder vor Wut schrie, wollte ich ihn so schnell es ging „ruhigstellen". Mir gingen Sätze durch den Kopf wie: „Was nun die anderen denken!" „Sei doch kein Jammerlappen!" „Stell dich nicht so an!" Aber ist das gesund? Ich denke nicht. Emotionen wollen gesehen und gefühlt werden. Ansonsten kommen sie geballt zurück und zeigen sich eventuell in ihrer ungemütlicheren Form, vielleicht im Ausbruch einer Krankheit oder in einer inneren Unstimmigkeit oder im Außen. Natürlich mögen nicht immer alle Emotionen in allen Situationen angebracht sein. Man denke nur an ein Lachen bei einer Beerdigung. Wobei, warum eigentlich nicht? Und warum ist es beispielsweise in Brasilien möglich, dass Männer weinen, wenn sie traurig sind, ohne dass sie weniger männlich wirken? Das Fühlen von Emotionen tut gut. Und das, was uns guttut, ist auch für unsere Kinder richtig und wichtig.

Wir sollten sie nicht für ihre Emotionen verurteilen und diese ihnen nicht absprechen. Im Gegenteil: Wir sollten ihnen dankbar sein, dass sie uns täglich daran erinnern, dass Emotionen – und damit meine ich nicht nur die positiven – menschlich sind und zu unserem Dasein auf dieser Welt gehören. Sie zeigen uns, was in uns allen verborgen liegt. Unsere Kinder laden uns ein, uns mitzufreuen, mitzulachen und zu entdecken und auch einmal aus bitterster Seele zu weinen. Diese Emotionen sollten wir ihnen nicht absprechen oder schlechtreden. Denn erst, wenn wir alle Emotionen zulassen und auch fühlen, kämpfen wir nicht mehr gegen sie an und verdrängen sie in die hinterste Ecke, aus der sie irgendwann, auch Jahre später vielleicht, wieder als Krankheit oder als ein viel größeres Problem auftauchen. Nehmen wir uns, unsere Emotionen und unser ach so emotionsreiches Kind einfach an und klappen bei blöden Bemerkungen anderer Mitmenschen dazu einfach die Ohren zu oder geben Kontra!

Eine Methode, negative Emotionen „wegmachen" zu wollen, ist die Entwicklung von Süchten. Letztens habe ich etwas gelesen über Süchte und wie jeder von uns doch davon betroffen ist. Jetzt wirst du dir vielleicht denken: Süchtig? Ich doch nicht! Ich nehme doch keine Drogen, rauche nicht und bin kein Alkoholiker. Doch Süchte sind viel subtiler und vielschichtiger. Jetzt gerade, in dem Moment, als ich dieses schreibe, kam Stunden vorher eine Traurigkeit über mich. Ich war traurig über verschiedene Umstände und darüber, dass einige Dinge in meinem Leben passiert waren. Und was tat ich? Ich griff zu einer Packung Schokolade und aß sie komplett auf. Vorher, als die Traurigkeit noch nicht so stark anwesend gewesen war, bin ich zum Sport gegangen, nicht nur um mich körperlich fit zu halten, sondern auch, um den Anflug von Traurigkeit, den ich schon in seinen Ansätzen spürte, am besten im Keim zu ersticken. Doch auch der Sport vermochte dies nicht zu erledigen. Kaum saß ich im Auto, liefen auf einmal Tränen und legte sich eine Schwere über mich, und das trotz bestem Sonnenschein. Zuhause angekommen griff ich also sofort zur Schokolade und setzte alles daran, mich abzulenken. Dieses negative Gefühl musste irgendwie weg, egal wie.

Doch es muss nicht immer der Zuckerkick sein. Süchte sind wie bereits erwähnt vielschichtig. Wir können süchtig sein nach Klatsch und Tratsch am Telefon, nach Surfen im Internet. Wir können einen Kontrollzwang entwickeln und sind nur noch am Putzen, wir sind süchtig nach einem Zuviel an Essen, nach Shoppen ebenso wie nach Sport und einem durch und durch gesunden Lebensstil. Bei allem handelt es sich um Süchte und den Versuch, sich von etwas abzulenken, was wir nicht fühlen wollen. Dabei saugen uns alle diese Süchte das echte Leben aus. Es geht darum, einmal richtig hinzuschauen: Wie lenke ich mich ab? Welches Muster habe ich? Und dann ringe dich dazu durch, zu fühlen, ohne Ablenkung, ohne Sicherheitsventil und deiner gewohnten Patentlösung. Und warum das Ganze? Warum soll ich die Kränkung eines Freundes fühlen, genau wie die Traurigkeit, warum die Wut oder die bodenlose Angst, genauso wie auch die Freude über ein schönes Geschehnis? Ganz einfach, dann kommst du bei dir an. Du wirst echt. Du heilst. Und auch dein Kind hat die Möglichkeit, echt und heil zu sein. Dein Kind zeigt diese Emotionen noch direkt und unverblümt. Also bewerte es im besten Fall nicht.

Auch ich habe die Emotionen meines Sohnes oft bewertet. Doch ich übe mich darin, sie einfach sein zu lassen. Lass das Leben heute einmal an dich heran! Auch ich habe die Erfahrung gemacht, dass ein Gefühl seinen Nährboden verliert und endlich gehen kann, wenn ich es „durchfühle". Das fühlt sich jedes Mal so gut an. Pure Heilung.

So ereignete es sich, dass ich beim Wechsel meines Sohnes von der Kinderkrippe in den Kindergarten regelrecht „allergisch" auf die neue Betreuungsperson und ihr Verhalten meinem Sohn gegenüber reagierte. In mir stieg eine unerklärliche, rasende Wut und Atemnot hoch. Innerlich fuhr ich jeden Morgen aufgewühlt und mit dieser Wut beladen wieder von dem Kindergarten weg. Ungern ließ ich meinen Sohn zurück. In mir blieb das Gefühl zurück, dass diese Erzieherin meinen Sohn kontrollieren und ihm ihre Sichtweise aufdrängen wollte. Alles fühlte sich eng an. Und wenn mein Sohn etwas nicht tat, so spielte sich in meinem Kopf die Überzeugung ab, dass die Erzieherin dranblieb, bis er es tat. Der Erzieherin oblag die Obhut, die Macht, und ich schien nichts tun zu können. Sie und in diesem Zusammenhang auch mein Sohn triggerten etwas im höchstem Maße in mir. In mir kam alte Wut hoch, dass ich mich nicht hatte frei entfalten können.

Es fühlte sich an, als ob ich das Ganze durch meinen Sohn erneut durchfühlen musste: lauter Einschränkungen und das Auferlegen eines oberen Willens und die Ohnmacht, dem nichts entgegensetzen zu können. Eines Tages setzte ich mich, wieder alleine zu Hause angekommen, hin, nahm mir die Ruhe und Zeit und fühlte die Wut. Ich weinte und ging in sie hinein. Und wie ein Wunder, nachdem ich dieses wahrscheinlich das erste Mal in meinem Leben richtig gefühlt und zugelassen hatte, verschwand sie, und das „Problem“ mit der Erzieherin ebenfalls. Auf einmal war alles gut, als ob alles nur ein Spuk gewesen wäre. Heute komme ich mit der Erzieherin bestens aus. Sie zeigte mir nur, was noch in mir verborgen lag und nicht geheilt war.

Ebenso regen wir uns meist genau über die Dinge und Verhaltensweisen bei einem anderen auf, die auch wir in uns tragen. Im Grunde war ich nicht anders. Ich hatte meine konkreten Vorstellungen und wollte diese umsetzen. In mir hatte sich im Laufe meines Lebens ein Drang entwickelt, die Dinge, mein Leben, mein Umfeld kontrollieren zu wollen. Das zeigte mir mein Sohn am besten auf, indem er diesen Wunsch sabotierte. Er demonstrierte mir durch das tägliche Chaos in meinem Leben, das er verbreitete, dass Perfektionismus nichts brachte und dass das Leben gelebt werden will und ein ständiges Fließen ist. Ich indes hatte es gerne, wenn die Dinge an ihrem Platz waren und alles nach Plan verlief. Ich erschien pünktlich zu Treffen, hielt meine Wohnung gerne ordentlich und war, was meine Arbeit und meinen Alltag anbelangte, durchstrukturiert. Eigentlich. Denn nicht nur eigentlich, sondern ganz bestimmt war ich auch Mutter. Und Kinder und Perfektionismus, das sind zwei Dinge, die nicht zusammenpassen. Und so sah ich mich den lieben langen Tag hinter meinen Sohn herrennen, räumte die Sachen wieder an ihren Platz und bekam Schnappatmung, nachdem er meine Kontaktlinsen in den Abfluss gespült, mit der elektrischen Zahnbürste die Toilette gereinigt oder die DVD-Sammlung zum x-ten Mal aus dem Regal geräumt hatte. Meine perfektionistischen Nerven lagen blank. Eines Tages platzte mir dermaßen der Kragen, dass ich mich zu meinem Sohn in die Mitte des Wohnzimmers setze, es ihm gleichtat und einfach alles auf den Boden schmiss. Auf einmal schauten wir uns an und fingen lauthals an zu lachen. Endlich ein perfekter Moment!

Also, gehe immer wieder in dein Gefühl, gebe ihm Raum und spüre, wo es sich befindet, wie es sich anfühlt und gehe genau in seine Mitte. Fühle es, solange du kannst. Weine dabei, lache, atme tief durch. Tue all das, was sich gerade für dich richtig anfühlt, aber weiche dem Gefühl nicht aus, versuche, es nicht wegzuschieben, sondern fühle es, umarme es, lass es sein. Und nach einer gewissen Zeit, vielleicht aber auch erst nach einigen Tagen des immer wieder Fühlens, wird es heilen und dadurch verschwinden und du fühlst dich freier.

Das Geschenk der ehrlichen Kommunikation

Und am siebten Tag sollst du ruhen. So steht es nicht nur in der Bibel geschrieben, sondern so hält es anscheinend auch Gott persönlich, der Meinung meines Sohnes nach. Ob zur Taufe, in der Kita oder zu Hause, hier und da kam für meinen Sohn schon das Thema Gott zur Sprache. Eines Tages nahm er aus dem Bücherregal ein Gebetsbuch, das er zur Taufe erhalten hatte, zeigte darauf und sagte: „Das ist Gott." „Ja, das stimmt", nickte ich bedächtig. Er blätterte weiter und zeigte auf eine Abbildung des letzten Abendmahls. „Und das sind Jesus und seine Onkel." Ich schmunzelte. „Weißt du denn auch, wo Gott ist?", fragte ich ihn. Daraufhin hielt er kurz inne und sagte dann: „Im Edeka." „Im Edeka?", erwiderte ich erstaunt. „Was will er denn da?" „Na, Pause machen", entgegnete daraufhin mein Sohn. Wir hatten Sonntag, anscheinend ruhte sich Gott zwischen Käseregal und Brot und Backwaren aus und ließ es sich kulinarisch so richtig gutgehen. Doch eine Frage, den heiligen Sonntag betreffend, beschäftigte meinen Sohn noch weiter: „Aber Mama, wo ist Marianne?" Das konnte ich ihm weiß Gott nicht beantworten.

In Gesprächen mit Kindern gibt es so unendlich viele schöne Dialoge, die von Humor und einer besonderen Tiefe gekennzeichnet sind. Letztens erst hatten meine Mutter und mein Sohn ein Gespräch über das Thema „einen Dachschaden haben". Meine Mutter versuchte, ihm das Wort zu erklären, indem sie auf das Haus gegenüber zeigte und sagte: „Schau, dort ist ein Dach." Weiter zeigte sie auf ihren Kopf und sagte: „Und hier habe ich meinen Schaden." Mein gerade einmal dreijähriger Sohn hielt für eine Sekunde inne und entgegnete daraufhin nur ganz trocken: „Oma, dann räume da doch einfach auf!"

Es ist schwer zu sagen, ob das, was unsere kleinen Kinder jeden Tag von sich geben, rein zufällig ist oder nicht doch weit mehr, als wir Erwachsenden noch auf dem „Radar" haben. Wenn man sich die Reinkarnationstheorie betrachtet, sind unsere Kinder noch näher am höheren Wissen. Sie sind noch angebundener daran als wir Großen es sind. Oft geht es jedoch noch viel tiefer, und mir stellte sich zuweilen die Frage, ob mein Sohn mehr „weiß“ oder es sich um einen „Zufall“ handelte. So gab es neulich über Nacht einen großen Sturm. Der Wind fegte um die Häuser und der Regen peitschte gegen die Fenster. Den Tag über hatte sich die Schlechtwetterfront langsam und immer bedrohlicher angekündigt. Die Laune morgens war komisch, und auch im Umfeld hatte ich das Gefühl, dass sich viele Dinge im Ungleichgewicht befanden. Ich erfuhr von einem plötzlichen Tod, von Krankheiten und im Innern fühlte es sich an, als ob viele Dinge keinen Bestand mehr hatten und gehen mussten. In der Nacht brach dann der große Sturm übers Land und ließ uns die ganze Nacht unruhig sein. Am nächsten Morgen ging ich mit meinem Sohn zum Auto und er fragte: „Mama, wo ist der Wind, das himmlische Kind?“ Ich antwortete ihm: „Überall, das himmlische Kind ist hier überall und fliegt um die Häuser und um deine Nase.“ Ich ging nicht weiter auf das Gesagte ein, schnallte ihn fest und entgegnete nur: „Heute Nacht hat es ganz schön geregnet.“ Er erwiderte darauf: „Nein, es hat geregelt.“ Ich antwortete darauf: „Nein, es hat geregnet.“ Und er wieder: „Nein Mama, es hat geregelt.“ Ich musste darauf lächeln und sagte: „Vielleicht hast du recht, heute Nacht hat sich einiges geregelt." Und über allem lag auf einmal wieder Stille. Oder eines Tages sagte er am Fluss bei den Enten: „Gott liebt seine Welt, aber er ist ganz traurig." Oder letztens geschah es, dass ein Junge im Kindergarten ihn immer wieder schubste. Daraufhin sagte ich ihm, er solle einfach zurückschubsen. Und mein Sohn sagte nur: „Nein, dann ist der doch ganz traurig. Und wir lieben uns doch alle." Es lohnt sich also, hinzuhören und manch eine Aussage durchaus ernst zu nehmen. Denn wer sagt denn, dass wir Erwachsenen die Wahrheit gepachtet haben? Wir lernen und haben internalisiert, was richtig und was falsch sein soll. Wir haben eine Realität vermittelt und übermittelt bekommen, die gar nicht zu 100 Prozent echte und wahre Realität sein muss. Wir lernten, was man zu haben hat oder eben nicht, wer auf dieser Welt wichtig ist und wen wir am besten meiden.

Doch was bedeutet schon Realität? Jeder von uns nimmt diese und damit die Welt da draußen doch durch die Brille der eigenen Interpretation wahr. Nicht anders ergeht es unseren Kindern, die noch eine unvoreingenommene Art haben, die Welt für sich zu entdecken. Oft sind es die kleinen Dinge, die in ihnen arbeiten und für sich verstanden werden wollen. So waren mein Sohn und ich die Tage bei einer Hochzeit zu Gast. Dort konnten sich die Gäste verkleiden und in einer Fotobox lustige Bilder von sich mit Selbstauslöser machen. Und so rannten hier und da Hexen, Krankenschwestern, Polizisten, Cowboys und Geister über das Fest. Mein Sohn kam aus dem Staunen gar nicht wieder heraus. Er war der festen Überzeugung, dass es sich dabei um echte Ausführungen handeln musste. Das Ganze hatte ihn so sehr beschäftigt, dass er am nächsten Morgen, nachdem er die Autofahrt nach Hause komplett verschlafen und nicht mitbekommen hatte, das Thema erneut aufgriff. Nach einigen Grübelminuten schaute er mich an und sagte bestimmt: „Mama, ich bin auch eine Hexe." „Wie kommst du denn darauf?", fragte ich erstaunt. „Aber Mama, das ist doch ganz klar", entgegnete er mir. „Ich habe mich nach Hause gehext. Und dich auch!"

*„Mit Kindern einen aufrichtigen Dialog wagen – das ist der Schlüssel für ein reiches Familienleben, in dem sich Kinder und Eltern frei entfalten können"**, so lautet es bei Jesper Juul, der in seinen Büchern aus jahrzehntelanger Begleitung von Familien berichtet. Es geht darum, jemanden so wenig wie möglich zu definieren

* Jesper Juul: *„Die kompetente Familie: Neue Wege in der Erziehung"*, Beltz, Weinheim 2016.

und nicht direkt in Schubladen zu stecken, denn niemand von uns ist nur gut oder nur schlecht, nur lieb oder nur böse, nur unsortiert oder nur ordentlich. Wir kommen alle mit sehr unterschiedlichen Potenzialen auf diese Welt und sind weitaus vielfältiger als viele – und im Besonderen auch wir selbst – es meinen. Je mehr man sein Kind also in eine Schublade steckt, umso weniger Raum gibt man ihm, selbst herauszufinden, wer es ist. „Das ist unsere kleine Zicke." „Unser Strahlemann." „Meine Tochter ist so zimperlich." „Unser Sohn macht nur Ärger." Doch was ist mit all den anderen Facetten? Und was ist mit der ganzen Entwicklung als ein andauernder Prozess?

Mein Gefühl im täglichen Dialog mit meinem Sohn war es, einfach ehrlich zu sein und ihm immer direkt zu sagen, was ich fühle und denke, und zu erklären, warum das so ist. Nur so manifestierte sich eine gute Beziehung zwischen uns. Und da war er wieder, mein Lehrmeister, denn in *meinem Leben* hatte ich bis dato immer große Schwierigkeiten damit gehabt, Dinge bei anderen einzufordern und direkt zu sagen, was ich empfinde. Ich konnte dies nicht mit einem guten Gefühl tun, konnte keine Grenzen setzen und begrenzte schlussendlich dadurch nur mich selbst. Gleichsam fand ich dem Schattenprinzip entsprechend andere

Menschen abstoßend, die Dinge einforderten. Dabei hatte dies einfach mit Integrität, mit eigenen Grenzen zu tun, die einem guttun. Ich musste lernen, meinem Sohn zu vermitteln, wo meine Grenzen liegen und warum das so ist. Doch wer braucht Grenzen – Kinder oder Eltern? Beide sind es, nur ganz anders als oft gedacht. Kinder brauchen einen Rahmen aus Liebe und Geborgenheit, in dem sie sich entwickeln. Eltern brauchen Bewusstsein für eigene Grenzen. Jesper Juul empfiehlt eine alternative Formulierung: Statt „Kinder brauchen Grenzen" wählt er „Kinder brauchen Eltern, die sich abgrenzen". Was bedeutet: Werde dir deiner Grenzen bewusst. Und formuliere dies mit „Ich will…" und streiche ganz schnell das Wort „man" aus deiner Kommunikation. Denn wer ist schon „man"? Hier geht es um dich und um dein Kind. „Man" kennt dein Kind nicht, dich aber im Gegenzug sehr wohl.

Doch die ehrliche Kommunikation mit meinem Sohn reichte noch viel weiter als das Aussprechen von Dingen. Denn es werde, was du denkst, heißt es doch so schön. So sind wir doch alle Schöpfer. Meine Erfahrung mit meinem Sohn war in ganz vielen Fällen, dass er das, was ich dachte und was für Gedanken durch meinen Kopf schwirrten, bestens zu manifestieren wusste. Wenn ich die Befürchtung hatte, dass er krank werden würde, dann wurde er krank. Wenn ich mit Schrecken daran dachte, dass er gleich wieder einen Wutanfall bekommen könnte, dann fand dies zumeist auch statt. Oder wie so oft hatte ich die Angst, dass er jetzt laut sein würde und das ganze Haus weckte. Wir wohnten in einem Mehrfamilienhaus, das extrem hellhörig war. Die Nachbarin, die über uns wohnte, hörten wir aufstehen und durch die Wohnung gehen. Gespräche, ein Niesen, alles war zu hören. So war in mir das Leise-Sein-Müssen stark verankert, und jedes Mal, wenn ich wieder Angst hatte, die Nachbarn könnten meinen, ich sei eine schlechte Mutter, weil ich mein Kind zurechtwies, holte er umso mehr Luft und schrie um sein Leben und das auch, wenn ich noch nicht mal im Ansatz damit angefangen hatte. Die Gedanken reichten. Meine Angst, nicht zu genügen, keine gute Mutter zu sein und dass die anderen schlecht über einen reden könnten, die Aufforderung von Kindesbeinen an, still sein zu müssen, all das kam in diesen Momenten zum Vorschein in einem nicht enden wollenden Gebrüll meines Sohnes. Er zog dann das ganze Repertoire. Er weinte, er schluchzte, er schrie: „Mama lass das, Mama weg!“ Und ich stand, ohne irgendetwas getan zu haben, mit großen Augen vor meinem Sohn und dachte, das darf doch nicht wahr sein. Ein Albtraum für mich. Das Ganze startete oft schon beim einfachen Windelwechseln.

So manifestieren wir jeden Tag, dabei funktioniert dieses im Grunde ganz einfach. Man stelle sich etwas vor dem geistigen Auge bildlich vor, glaube nur ja auch fest daran und formuliere es um Himmels Willen positiv, sonst funktioniert es nicht. Mit positiv formulieren ist gemeint, lasse Wörter weg wie „nein“ und „nicht“. Denn unsere Welt wird durch uns im Kopf und unsere Glaubenssätze über diese produziert. Wir sind Schöpfer nicht nur unserer Gedanken, sondern auch unseres Lebens. Deine Glaubenssätze, deine Emotionen, deine Gedanken formen deine Welt und die deines Kindes.

Das Geschenk des Moments

Es gibt ein Paradies für Eltern, das nennt sich Sofa, und es gibt ein Paradies für Kinder, das nennt sich Indoorspielplatz. Ist man erst einmal Vater oder Mutter, gehört der Besuch so einer überdachten Einrichtung zum festen Programm bei schlechtem Wetter. So sollte es also auch sein, dass mein Sohn und ich an einem regenverhangenen Tag die Stoppersocken einpackten, um einen Indoorspielplatz in der Nähe zu besuchen. Und siehe da, wir waren nicht die Einzigen mit dieser Idee. Ein Lärmpegel um die 100 Dezibel schoss uns beim Betreten um die Ohren, verursacht von einem umherirrenden Pulk kreischender Kinder mit hochroten Köpfen. „Mama, ich will auf die Hüpfburg!" „Mama, ich will Auto fahren!" „Mamaaa!" Auch meinen Sohn hatte es gepackt, und da er erst zwei Jahre alt war, blieb mit nichts anderes übrig, als mitzumachen.

Also watete ich durch das Bällebad, hievte meinen Sohn mehrfach die Hüpfburg hoch, zwängte mich mit ihm durch Schlupflöcher und die Röhrenrutsche und ließ mir ein paar Mal von einem Dreijährigen mit dem Bobbycar in die Hacken fahren. Am Ende des Tages gab es noch fettige Pommes mit einer ordentlichen Portion Ketchup und das gute Gefühl, mit einem glücklichen Kind aus dem Paradies nach Hause zu fahren.

Kinder sind wahre Künstler darin, wenn es darum geht, einfach Spaß zu haben und dem Leben seinen Lauf zu lassen. Sie sind so unglaublich wendig, ich würde es eher fließend nennen. Sie lassen es und sich einfach laufen, sowohl in dem, was durch ihren Kopf geht, als auch in ihrer körperlichen Aktivität. Mein Sohn saß für gewöhnlich keine Sekunde am Tag still. Es sei denn, es hielt ihn so richtig etwas gefangen. Sogar wenn er krank war kam es selten vor, dass er über eine längere Zeit in einer Haltung und an einem Fleck verharrte. Dann musste es ihn schon richtig erwischt haben. Wir Erwachsenen indes erstarren irgendwann fast förmlich – körperlich, geistig und auch seelisch. Wir sitzen den lieben langen Tag vor dem Computer, dem Fernseher, auf der Bank am Spielplatz oder auf einem Stuhl. Wir bleiben grübelnd an immer wieder denselben Dingen hängen und beschäftigen uns tagein, tagaus mit denselben unnützen und lästigen Überlegungen und Sachen.

Natürlich lässt sich das nicht auf jeden münzen, aber ich habe das Gefühl, dass die meisten nur noch in ihrem gewohnten Hamsterrad rennen, mehr aber auch nicht. Wo sind unser Forscherdrang und unsere Leichtigkeit geblieben, wo unsere Neugierde und die Lust aufs Leben? Warum lassen wir uns so wenig treiben und begegnen vielen Dingen nicht mehr offen und am wenigsten noch dem Moment an sich? Wir lassen uns auf viele Möglichkeiten, die uns jeder neue Tag bringt, nicht mehr oder nur noch geringfügig ein. Natürlich haben wir Erwachsenen jede Menge Verpflichtungen, keine Frage. Wir leben ab einem gewissen Alter in einer Art Korsett von Arbeit, Haushalt, Kindern und vielleicht noch Vereinen. Aber solange sich das alles wie ein Korsett anfühlt, so lange stimmt doch etwas nicht – oder? Dann tun wir doch den lieben langen Tag Dinge, die nicht wirklich zu uns passen. Vielleicht lässt sich nicht jede Verpflichtung „ausmerzen" – geht es ja auch darum, die Wohnung zu bezahlen sowie Essen auf dem Tisch und auch Kleidung zu haben, aber so einiges lässt sich vielleicht ändern oder neugestalten, so dass es Freude bereitet, dass auch mal die Luft zum Nichtstun bleibt, zum Sich-Einlassen-Können auf den

Moment, dass gespannt geschaut werden kann, was dieses und jenes mir bringt, ob das wirklich so sein muss. Wie schade ist es doch, dass wir uns so sehr beschränken.

Dabei ist das Leben ein Fluss, der gar nicht erstarren darf. Nichts bleibt so wie es ist, die Dinge sind immer in Bewegung. Mein Sohn ist darin Meister. Er hüpft nicht nur gerne, sondern springt auch von Thema zu Thema, von Ding zu Ding, von Moment zu Moment. Wie oft steht er vor mir und fordert mich auf: „Mama, mach mit!“, „Komm Mama, steh auf! Tanze! Lauf! Spring!“ Und ich, mit meinen fast 40 Jahren, winke nur müde ab, möchte lieber starr weiterhin auf meinem Stuhl hocken und ihm zuschauen. Trottet er dann enttäuscht von dannen, fühle ich mich schlecht und frage mich: Warum machst du es nicht einfach? Das fängt schon bei den kleinen Dingen an. Für meinen Sohn gibt es nichts Schöneres, als in Pfützen zu springen. „Das macht man nicht, lass das!“, hüpft es mir stattdessen durch den Kopf; eine Beschränkung aus meinen Kindertagen. Aber warum eigentlich? Eines Tages spürte ich wieder die Abwehr, als mein Sohn – obwohl mit Gummistiefeln ausgestattet – durch Pfützen springen wollte. Ich schob das abwehrende Gefühl beiseite und tat es ihm gleich. Wie befreiend!

Unsere Kinder zeigen uns, was Leben ist, dass das Leben dazu da ist, gelebt zu werden und Spaß zu haben. Wir Erwachsenen müssen ja auch nicht alles tun, was unsere Kinder machen, aber man beobachte mal so manch einen Großen, der nach etlichen Jahrzehnten wieder aufs Klettergerüst geht. Was für eine Freude! Wir sollten uns alle das Kindliche erhalten. Es ist so schade, was uns ansonsten alles verlorengeht. Lernen wir also, unsere Kinder zu genießen, genauso wie das Leben. – Bei der letzten U-Untersuchung meines Sohnes ging die Arzthelferin einen Fragebogen mit mir durch. Eine dieser vielen Fragen lautete: „Was macht ihr Sohn in seiner Freizeit?" Ich stutzte. Mein Sohn war gerade einmal drei Jahre jung. Ich schaute sie mit großen Augen an und entgegnete dann mit Inbrunst: „Er spielt und er lebt!"

Vor allen Dingen weiß mein Sohn, im Moment zu leben. Und das Leben besteht aus Momenten. Vor allem das Leben mit Kind ist gefüllt mit vielen ganz speziellen Augenblicken. Die Tage wollte ich meinem Sohn ein Stück der großen, urbanen Welt zeigen und bin mit ihm für drei Tage nach Köln gefahren. Und schon waren sie da, die vielen Momente. Der Moment, als mein Sohn zu Beginn der Zugfahrt auf meinem Schoss einschlief, genau in dem Augenblick, als ich dringend auf die Toilette musste. Oder aber der Moment, als mein Sohn, auf dem Hotelzimmer angekommen, klammheimlich den Schreibtisch mit seiner Klebesticker-Sammlung zuklebte. Oder der Moment, als ich ihm gerade ein Ticket für das Kinderkarussell auf dem Weihnachtsmarkt gekauft hatte und er bereits nach einer Runde wie am Spieß „Mama, wann ist es vorbei?“ schrie, so dass der Budenbesitzer den Stopp-Knopf drückte. Und dann war da auch noch dieser Moment, als wir in einem großen Café mit Blick auf den Rhein einkehrten, um einen Kaffee und eine heiße Schokolade zu trinken. Mein Sohn hatte seine Mundharmonika mit im Gepäck, und während ich noch gedankenversunken an meinem Kaffee nippte, stand er auf einmal auf, stellte sich inmitten des Cafés hin und blies mit voller Lunge hinein und spielte auf seine Art. Die nicht wenigen Leute an den rund 20 Tischen drehten sich entgeistert um. Er ließ sich hingegen nicht aus der Ruhe bringen und verbeugte sich. Wir verließen das Café mit einem Applaus, lächelnden Gesichtern und einer Schokolade von der Toilettenfrau. Danke, kleines Wunder, für diese Momente.

Nehmen wir also die Momente, wie sie sind. Das Leben IST einfach. Das ganze Kämpfen nützt nichts. Und wenn dich etwas aufregt, dann nur, weil etwas in dir noch nicht geheilt ist, weil ein Punkt, ein Verhalten, ein Gefühl in dir ist, das nicht SEIN durfte und das du in die hinterste Ecke deines Selbst geschoben und gezwängt hast. Ich merkte dies beispielsweise oft beim Thema Lautstärke. Ich war früher zu Hause dazu angehalten worden, ruhig zu sein, still zu sitzen, nicht aus dem Rahmen zu fallen und angepasst zu sein. Und mein Sohn schrie all diese Wut, dieses Sich-Zurücknehmen an manchen Tagen mit aller Kraft heraus. Je mehr ich zusammenzuckte und ihn zum Stillsein bewegen wollte, desto mehr schrie er. Die Lösung lag zum Teil in mir. Es geht nicht darum, ihn ebenfalls anzuschreien. Es geht vielmehr darum, herauszufinden, warum mich das Schreien überhaupt tangiert und sich für mich als ein Problem darstellt. Ich musste still sein als Kind. Ich musste mein inneres Kind quasi umarmen und meinen Sohn sein lassen. Ich ging in das Gefühl und die Vorstellung, leise sein zu müssen. Wie fühlte sich das an? Wo fühlte ich es in meinem Körper? Und siehe da, der Fokus lag auf einmal auf meiner verschnupften Nase. Man hatte ich die Nase voll vom Leise-Sein-Müssen!

In der Ruhe liegt die Kraft

Mein Sohn geht gerne einkaufen. Supermarktketten haben sich auch bestens auf den Einkauf mit Kindern eingestellt. Nicht nur, dass alles „Wesentliche“ in kindgerechter Höhe platziert ist, in den meisten Filialen gibt es mittlerweile auch extra Einkaufswagen für die Kleinen. Ist doch wunderbar! – Ich schiebe also einen Euro in einen Wagen, und auch mein Sohn packt sich freudestrahlend die kleine Ausführung eines rollenden Gefährts, und ich weiß: Jetzt beginnt der Spießrutenlauf. Denn kaum stehe ich an der Bäckerstheke und halte noch die Nummer 89 in der Hand, während gerade Nummer 87 bedient wird, sehe ich auch schon das Wagen-Fähnchen mitsamt Kind in den Tiefen der Einkaufshallen verschwinden. Endlich das Brot in der Hand, schiebe ich eilig hinterher und finde meinen Sohn Weintrauben essend in der Obstabteilung vor.

Keine zwei Minuten später inspiziert das kleine Händchen auch schon die weitere Ware und gleitet an den Marmeladengläsern entlang, um daraufhin mit Anlauf Richtung Spirituosenabteilung zu rennen. Ich lasse meine Nudelpackung wieder fallen und hetze meinem Sohn hinterher. „Stopp!“, rufe ich. „Das brauchen wir nicht!“, krächzt es aus mir heraus, während ich Verpackungen mit Biene Maya und Bärchen wieder aus seinem Wagen lege. „Doch, das brauchen wir!“, schluchzt es mir entgegen. „Nein!“ „Doch!“ „Nein!“ „Doch!“ – Liebe Miteinkaufende, habt Verständnis, wenn Eltern, endlich an der Kasse angekommen, ihre Kinder dann doch ein kleines Ü-Ei mitnehmen lassen. Wir sind einfach froh, dass wir es geschafft haben und wollen wenigstens in Ruhe bezahlen.

Unsere heutige Zeit ist gekennzeichnet von Hektik, Termindruck und einer ständigen Erreichbarkeit. Uns als Eltern, Erwachsenen und Arbeitnehmern wird viel abverlangt, die Maßstäbe sind hoch gesetzt. Da bleiben Fragen wie: Wann sind wir überhaupt noch wir selbst? Wie viel Zeit verbringen wir für uns? Oder: Wann verbringen wir noch gemeinsame Zeit mit unserem Kind? Und damit meine ich nicht eine gemeinsame Zeit, in der man einfach anwesend ist, sondern die Zeit, die du wirklich, also nicht nur körperlich, sondern emotional ganz bei dir und deinem Kind bist. Für mich waren das immer die schönsten Momente, deshalb habe ich es auch immer wieder genossen, mal ganz alleine Zeit mit meinem Sohn zu verbringen und nicht noch einen weiteren Spielplatz-Treff oder den nächsten schnellen Einkaufsbummel oder Oma-Besuch einzubauen. Ich genoss es, mich ganz auf meinen Sohn und seine spontanen Bedürfnisse einzuspielen. Was für eine Wohltat, endlich achtsam und im Moment sein zu dürfen. Wir ließen uns einfach treiben, liefen durch die Natur, setzten uns hin, wenn wir uns hinsetzen wollten, liefen dann wieder ein Stück weiter, schauten uns einen Stein an, legten uns auf den Boden, spielten Fangen, kehrten im nächsten Café auf ein Eis ein, inspizierten dort den sensorischen Seifenspender auf der Toilette, ließen uns draußen dann wieder vom Weg abbringen, sprangen in die nächste Pfütze oder hielten die nackten Füße in einen Teich. Wir kramten die letzten Brotkrumen aus den Jackentaschen und verfütterten sie an die Enten und zogen dann, wenn wir es leid waren, langsam wieder nach Hause. So streiften wir wie Huckleberry Finn und Tom Sawyer durch Wälder und Wiesen, vorbei an viel beschäftigten Menschen, und ließen uns vom Fluss des Lebens treiben. Das waren für mich die schönsten Momente.

Diese bedeuteten, endlich mal wieder alle Sinne an- und das Handy auszuschalten. Wie gut es sich anfühlte, auch mal keinen Plan zu haben, sich keine konkrete Vorstellung zu machen von dem, was jetzt kommen muss, jeden Moment einfach spontan gehen und leben zu können und zu dürfen, und wenn es auch nur für eine Stunde war. Für mich war das zunächst nicht immer die leichteste Übung, da in meinem Kopf immer wieder Sätze anfingen zu rotieren wie: „Du solltest!“ „Du könntest!“ „Das macht man nicht!“ „Es wird Zeit!“ „Du musst noch!“ Meinen inneren Sklaventreiber musste ich immer wieder ruhigstellen, indem ich die Gedanken einfach weiterschickte und sagte: „Nein, du musst entschuldigen. Setze dich mal kurz in die Ecke, denn jetzt ist unsere Zeit und wir lassen uns treiben.“ Wie ich finde, ist das eines der schönsten Geschenke, die unsere Kinder uns mitbringen. Sie erleben so viele Dinge zum ersten Mal, sind überwältigt, freuen sich, genießen und leben pure Emotionen, die wir verlernt oder abgelegt haben, da wir jeden Tag funktionieren müssen. Wir frisieren diese Emotionen so oft, weil sie uns nicht mehr als passend und angebracht erscheinen, damit fühlen sie sich gelebt, so schön und ehrlich an.

Lass dein Kind auch einmal dein Lehrer sein, lass dich auf das Spiel ein, lass dein Kind auch einmal entscheiden. Ich garantiere dir, du gehst mit einem guten Gefühl nach Hause. Auch dein Kind fühlt sich angenommen, verstanden, respektiert und ist im Fluss des Lebens, und in den meisten Fällen auch weniger „aufmüpfig“.

Schaue durch die Augen deines Kindes. Was erfährt es, was ist das Faszinierende? So viele Dinge sind für dich als Erwachsener selbstverständlich, für dein Kind nicht: die Schönheit der Natur, das Wunder Erde. Dein Kind ist neu auf der Welt und möchte verstehen – oft wirst du merken, wie dumm manch unser Tun ist, wenn dein Kind fragt: „Mama, warum ist das so?“ „Mama, warum macht der Onkel oder die Tante das?“ Vielleicht hat dein Kind Recht und das, was du schon so lange als normal ansiehst, sollte gar keiner Norm entsprechen. Vielleicht ist es an der Zeit, alte Muster und Denkweisen aufzulockern oder gar zu ändern? Schaue hin und sortiere dich an manchen Stellen neu. Vor allem gehe mit deinem Kind in die Natur, denn hier ist es glücklich und du bist es auch. Die Natur ist ein wahrer Energie-Booster, Kraftspender und Reiniger von Körper und Seele!

Das Geschenk der Liebe

Wie die Zeit vergeht. Schnell ist wieder ein Jahr um und mit ihm viele besondere Momente und Entwicklungen. Während sich mein Sohn letztes Jahr zu Weihnachten noch über die Lichter am Weihnachtsbaum freute, wird heute der Spieleprospekt gezückt und eine Geschenkeauswahl getroffen. Die Tage sprachen mein nun fast dreijähriger Sohn und ich abends vor dem Zubettgehen auch über Weihnachten an sich. Ich fragte ihn, ob er denn wisse, was Weihnachten sei. „Da schneit es, und es gibt Geschenke", antwortete er. „Es muss nicht schneien, damit Weihnachten stattfindet", entgegnete ich und fuhr also fort: „An Weihnachten feiern wir die Geburt Jesu. Wir feiern also Geburtstag." Entgeistert schaute er mich an: „Da gehe ich nicht hin! Den kenne ich nicht!" Wir mussten daraufhin herzhaft lachen. Was für ein Geschenk! Das Leben mit Kind ist einfach eine

Bereicherung und birgt viele nicht planbare Momente. Letztes Jahr ist Weihnachten beispielsweise komplett ins Wasser gefallen. Erst erkrankte mein Sohn, dann steckte sich die ganze Familie an. Und so mussten wir Weihnachten an mehreren Tagen nachholen. Schlussendlich kam der Weihnachtsmann sogar vier Mal zu uns. Man muss dem Moment einfach Weihnachtsflügel verleihen und immer wieder etwas Neues daraus machen. Jeder Moment ist ein neues Geschenk. Und oftmals sind dies sogar die schmerzhaften und nicht immer einfachen Momente und Ereignisse im Leben, denn durch sie sehen wir, was es noch zu heilen gibt, was uns in unserem Glück und unserer Ganzheit noch behindert. Auch wenn man dies nicht immer wahrhaben möchte, sie offenbaren die größten Geschenke und Möglichkeiten der Heilung.

So gab es immer wieder Tage, an denen ich an die Decke hätte gehen können und ich meinem Kind am liebsten ein Zehnjahresticket ins Ausland geschenkt hätte. Wie oft war ich gefühlt an meinen Grenzen und dachte, ich drehe gleich durch. Vor allem als alleinerziehende, berufstätige Mutter gab es der ganzen Sache noch mal eine Schippe drauf. Und je mehr ich das dachte, umso mehr zerrte mein Sohn an mir und forderte ein. Wie oft tat er genau die Dinge, die ich ihm

untersagt hatte, von denen ich nicht wollte, dass er sie tut. Wie oft setzte er meine Geduld auf eine gehörige Probe. Wie oft verursachte er zu Hause Chaos, schrie im Supermarkt, stellte mein Leben auf den Kopf und ich sprach gefühlt mit einer Wand. Gleichzeitig hatte ich den wunderbarsten und liebenswertesten Sohn, den man sich wünschen konnte. Doch immer an dieser Liebe angebunden zu sein, gestaltet sich im alltäglichen Leben zwischen Windeln, Schnuller, Wutattacken & Co. manchmal äußerst schwierig. Das ist die große Herausforderung, der man sich als Eltern stellen muss.

Oft geht das „Sich-Abschneiden" von der Liebe im täglichen Chaos auch mit einem schlechten Gewissen einher. Habe ich zu wenig Zeit für mein Kind? War ich heute zu streng? Fühlt sich mein Kind nicht geliebt? Stress und Streit gehören zum Alltag dazu und machen noch keine verkorkste Kindheit. Es gab und gibt immer wieder Momente in meinem Leben und in dem meines Sohnes, in denen es zu Spannungen kam beziehungsweise kommt. Beruflich beschäftigen mich vielleicht ein paar Dinge, ich schaue noch auf mein Handy, scrolle mich durch die Mails, die reingekommen sind, ich habe im Hinterkopf, dass ich noch die Wäsche machen, jemanden anrufen, einkaufen muss und, und,

und. Wenn dann in diesem Augenblick mein Sohn kommt und mich was fragt, bin ich genervt und er bekommt ungerechterweise die ganze Ladung ab. Dann reicht schon ein Ausschütten eines Saftes oder aber das Wegwerfen eines Spielautos.

Wenn Wut, Enttäuschung und Ablehnung deine Mutterliebe überlagern, solltest du dir Zeit nehmen und über die Gründe nachdenken. Kinder treiben uns manchmal zur Weißglut. In diesen Momenten empfehlen Psychologen, negative Gefühle mit der Handlung und nicht mit der Person zu verknüpfen. Indem du dir bewusst machst, dass du gerade nicht dein Kind ablehnst, sondern das, was es tut, fällt es dir leichter, mit der Situation umzugehen. Natürlich darfst auch du mal Dampf ablassen, aber ohne dein Kind körperlich oder verbal zu verletzen. Sag deinem Kind, was dich gerade ärgert, in klaren „Ich-Botschaften": „Mich ärgert, dass…" „Ich bin gerade sauer, weil…" Wenn du richtig wütend bist, kann es helfen, wenn du dich der Situation kurz entziehst, um wieder runterzukommen.

Es sind häufig Mütter, die sich mit Selbstzweifeln und einer hohen Erwartungshaltung quälen. Job, Kind, Haushalt, Partner – alles soll perfekt funktionieren. Aber Kinder wollen oft nicht so, wie wir uns das vorstellen. Frustration macht sich breit und rüttelt an dem

Ideal der stets geduldigen und liebevollen Mutter. Was erwartest du von dir als Elternteil? Sind deine Ansprüche an dich vielleicht zu streng? Denke immer daran: Die perfekten Eltern gibt es nicht. Deine Fehler und Macken gehören zu dir dazu und Kinder, die ihre Eltern als authentische Personen erleben, können später auch selbstbewusst mit eigenen Fehlern umgehen.

In meinen Stressmomenten hilft es mir immer wieder, in die Liebe zu gehen. Ich schaue meinen Sohn an und denke und fühle Liebe. Du bist Liebe, ich bin Liebe, wir sind Liebe. Einfach Liebe. Manchmal hilft es auch, kurz etwas für sich zu tun und aus der Situation herauszutreten und danach deinem Kind gestärkt und wieder mit Abstand zu begegnen. Unsere Kinder sind Liebe und sie wollen nichts anderes transportieren. Aus Liebe zu uns zeigen sie uns unsere Stärken und Schwächen. Aus Liebe zu uns passen sie sich an Situation und Regeln an, die für sie vielleicht keinen Sinn ergeben. Aus Liebe zu uns nehmen sie schon viele Dinge auf ihre kleinen Schultern. Aus Liebe zu uns gehen sie uns eben auch auf die Nerven und spiegeln noch verborgene Schatten. Unsere Kinder wollen ganz einfach geliebt werden und sie wollen Liebe geben. Und alles, was wir aus Liebe tun und geben, wird dazu. Die Liebe, die du deinem Kind entgegenbringst und die du für dein Kind fühlst, vermittelt ihm ein Grundgefühl von Geborgenheit, Vertrauen und Angenommen-Sein. Begegne dir, begegne deinem Gegenüber, begegne deinem Kind mit Liebe. Frage dich: Was würde die Liebe tun? Und denke daran, jedes Kind ist anders. Während das eine nicht genug vom Kuscheln bekommen kann, zappelt das andere schon nach einigen Minuten und will lieber toben. Du kennst dein Kind und seine Eigenheiten und wirst sicherlich herausfinden, was es sich von dir wünscht und was es braucht. Genauso sind wir Eltern Unikate und müssen nicht immer alles genauso machen wie die anderen Eltern aus unserem Bekanntenkreis. Natürlich holt man sich aus einer Unsicherheit heraus auch Meinungen ein, aber letztlich dürfen wir – auch als (Neu-)Eltern – auf unser Bauchgefühl hören. Das Vertrauen und der Glaube in die eigenen Gefühle und Fähigkeiten sind meist die besten Ratgeber.

Heute liebe ich es, Mutter zu sein, denn ich erlebe mit meinem Sohn, was es heißt zu SEIN. Was ich durch ihn vor allem gelernt habe, ist die Selbstliebe. Er lehrte mich, Grenzen zu setzen, den Moment zu genießen, besser auf meine Gefühle zu hören, und er lehrte mich die Tatsache, dass das Leben eben nicht planbar ist und wir auch auf eine höhere Führung vertrauen können.

Er zeigte mir, dass Perfektionismus mit das Dümmste ist, das man sich und seinem Umfeld antun kann, und dass Kontrollzwang meist im Chaos endet. Ebenso lehrte er mich, dass Selbstzweifel nicht zum gewünschten Ziel führen. Durch die gefühlte Reduktion und die Liebe meines Sohnes habe ich wieder mehr zu mir gefunden. Denn die wohl größte Herausforderung für mich war, mich auf jemanden und etwas einzulassen, dem ich nicht so einfach den Rücken kehren konnte, wenn mir etwas nicht passte. Ich war gezwungen, Nähe zuzulassen, und hatte durch meinen Sohn den Antrieb, über meine Grenzen zu gehen und das Beste aus meinem Leben herauszuholen. Ich wollte meinem Sohn und mir zuliebe eine Bestandsaufnahme meines Lebens machen und lernen, was wirklich wichtig ist. Ich wollte und musste endlich mein wahres Selbst und meinen Seelenplan leben.

Als Mutter bist du Vorbild, also musst du vorleben, was zählt. Denn nicht das, was du sagst, ist entscheidend, sondern das, was du tust. Du kannst also hinschauen, was deine Eltern dich gelehrt haben, denn auch wenn es manchmal wie die Wurzel allen Übels erscheint, so sind es doch Dinge, die dich zu dem werden ließen, der du bist. Du kannst Dinge wie eine zu hohe Anspruchshaltung, Idealismus und Perfektionismus vielleicht endlich ein Stück weit ablegen und vor allen Dingen einfach SEIN. SEI Liebe. Schaue dein Kind an und spüre das Wort LIEBE, denn darum geht es immer. Entweder werden wir von Angst oder von Liebe (an)getrieben. Warum sich also nicht für Letzteres entscheiden?

Durch meinen Sohn kamen viele alte Schmerzen in mir hoch, damit diese heilen konnten. Und für ihn und für mich möchte ich jeden Tag heilen. Letztens habe ich im Internet gelesen, dass Medikamente manchmal sogar die Heilung hindern, da man den Schmerz nicht mehr fühlt. Bei Kopfschmerzen beispielsweise verschwinde der Schmerz nach Einnahme des Schmerzmittels. Diese würden jedoch nicht die Ursache des Schmerzes beheben, sondern nur unser Schmerzempfinden betäuben. Wir könnten Kopfschmerzen aber auch auf andere Art und Weise begegnen, indem wir überlegen, was der Grund für unsere Kopfschmerzen sein könnte. Wir könnten Maßnahmen ergreifen, die uns entspannen und unserem Körper das geben, was er braucht. Womöglich würde schon das dem Kopfschmerz ein schnelles Ende bereiten. Das Ergebnis wäre ein gestärkter Körper und damit eine für die Zukunft geringere Anfälligkeit für Kopfschmerz – was eine Kopfschmerztablette natürlich nicht vermag. Es gilt also, durch den Schmerz und in die Ängste zu gehen, sie zu fühlen und dadurch anzunehmen.

Das wird natürlich nicht dazu führen, dass dein Kind nie wieder bockig sein wird, schneller ins Auto einsteigt oder abends pünktlich ins Bett geht, aber es wird dazu führen, dass du Schritt für Schritt dein inneres Kind und damit alte Wunden heilst, die dich und die Beziehung zu deinem Kind behindern. Am Ende wirst du frei sein, du wirst endlich du selbst sein! Wie wunderbar! Dein Kind wird dich täglich daran erinnern. Überprüfe also deine Gedanken und Gefühle. Schaue hin, was dein Kopf dir täglich sagt, denn diese Dinge wollen sich im Außen zeigen. Dein Kind empfängt diese Gedanken ebenfalls und spiegelt sie dir. Denn es liebt dich genauso wie du es liebst. Ihr entspringt beide einer Liebe.

So gab mir mein dreijähriger Sohn dieser Tage eine weitere grundlegende Lektion das Leben betreffend. Denn, was bedeutet schon Glück? Jeden Tag steht es vor der Tür, lächelt einem zu, stupst einem in die Seite und doch ignorieren wir es zumeist geflissentlich. Das Gedankenkarussell fährt einfach zu oft im Eiltempo. Viel zu viel gibt es vermeintlich zu erledigen. – Eines wolkenverhangenen Nachmittags schliff mich mein Sohn mit dem Schal bis zur Nasenspitze gezogen auf den Spielplatz. Wir schaukelten. Mein Sohn jauchzte. Wir rannten den Hügel rauf und runter. Mein Sohn strahlte. Bei mir hingegen zeigte die Stimmung weiterhin Schlechtwetterfront an. Eigentlich hätte ich noch einkaufen müssen, die unbeantworteten Mails hatten sich getürmt, und das Wetter hätte sowieso besser sein können. Während ich so meinen Negativgedanken nachhing und schlecht gelaunt über den Platz schlürfte, erklomm mein Sohn die Rutsche und ließ sich mit einem lachenden „Auf die Plätze, fertig, los!" hinuntergleiten. Keine zwei Minuten später nahm er meine Hand und zog mich mit zur Wippe: „Komm, Mama, komm", sagte er. Gemeinsam wippten wir also auf und ab, immer schneller. Da strahlte er mich von einer Backe zur anderen an und sagte: „Mama, das macht glücklich!" Da musste auch ich lächeln. Das Glück liegt eben oft so nah, und manchmal sitzt es einem auf einer Spielplatzwippe genau gegenüber.

Alles, was dein Kind tut, sollte von dir als richtig und notwendig auf dem Weg des Erwachsenwerdens angesehen werden. Habe ein großes Vertrauen in die Fähigkeit deines Kindes, kooperieren zu können, so dass ein erzieherisches Eingreifen in den allermeisten Situationen unnötig ist. Lasse zu, dass die breite Skala aller Gefühle bei deinem Kind zum Tragen kommen darf und begleite es liebevoll. Kinder, die so aufwachsen, entwickeln ein gesundes Selbstwertgefühl und haben als Erwachsene selten Probleme mit Aggressionen. Im Grunde geht es darum: Wer an sich arbeitet und seine alten Wunden heilt, der verhilft auch seinem Umfeld zu positiven Veränderungen, und das größte Geschenk ist es, in wahrer Liebe zu sich selbst und seinem Kind zu sein. Dann wird diese gemeinsame Reise zu der besten deines Lebens.

* * *

Ein Tipp für diejenigen, die noch mehr an sich arbeiten möchten und Schwierigkeiten haben, bestimmte Verhaltensmuster bei sich selbst aufzudecken. Ihnen möchte ich eine Astrologische Symbolaufstellung ans Herz legen. Diese verschafft schnell Klarheit und Heilung. Denn jedes menschliche Problem hat einen tieferen Sinn oder Hintergrund, ganz gleich, ob es sich um ein partnerschaftliches oder ein gesundheitliches Problem handelt. Will ein Mensch ganzheitlich heilen beziehungsweise sich weiterentwickeln, sollte er neben Körper und Geist auch auf seine Seele hören. Die Astrologischen Symbolaufstellungen zeigen den seelischen Hintergrund für die aktuelle Blockade. Was ist die Ursache für das Problem? Im Gegensatz zu vielen anderen Aufstellungsmethoden wird hier die Ursache sichtbar. Es zeigt sich das ganze Spektrum der Lösungswege auf tiefer seelischer Ebene und man erhält seine ausgelagerten Anteile, Fähigkeiten, Kräfte und Potenziale zurück, damit man anschließend gelöst neue Wege gehen kann. Auch die Arbeit mit dem Inneren Kind und Traumaheilung können helfen, alte Verletzungen aufzuspüren und zu heilen.